Liebe Leserinnen, liebe Leser!

Anfang, spätestens Mitte März beginnt der Countdown, die Tage bis zur Mandelblüte werden gezählt. Während andernorts in Deutschland noch Schneereste wegtauen, entfaltet sich in der Pfalz ein rosafarbenes Blütenmeer. Wer es genießen will, dem sei der Pfälzer Mandelpfad empfohlen, der über 83 km von Bad Dürkheim bis südlich von Bad Bergzabern führt. Unter www.mandelbluete-pfalz.de kann man sich täglich über den Knospenstand informieren.

Von der Sonne verwöhnt

Dass die Pfalz wahrlich von der Sonne verwöhnt ist, belegen natürlich auch die hier erzeugten hervorragenden Weine. Ein DuMont Thema und zwei Favoriten-Sonderseiten haben wir diesem wichtigen Aspekt des Pfälzer Lebens gewidmet. Unser Autorenteam Manuela Blisse und Uwe Lehmann besuchte den Winzer Florian Hollerith in seiner Weinscheune und ließ sich von seiner Weinphilosophie überzeugen (S. 64 ff.). Eine Auswahl weiterer Lieblings-Weingüter präsentieren die beiden auf S. 46. Hervorragend Wein probieren kann man auch auf einem der zahlreichen Weinfeste, fast das ganze Jahr über findet irgendwo ein Wein- und Schlemmerfest statt. Da ist Orientierung erforderlich. Die schönsten Feste stellen Manuela Blisse und Uwe Lehmann auf S. 18 vor.

Region der Kontraste

Mich begeistert die Pfalz vor allem wegen ihrer landschaftlichen Kontraste. Einerseits die Deutsche Weinstraße mit ihrem milden Klima, das neben Trauben auch Feigen und Kiwis reifen lässt, andererseits der Pfälzerwald mit seinen mächtigen Buchen, rauschenden Bächen und zerklüfteten Felshängen, überragt vom Donnersberg, dem mit 686 m höchsten Punkt der Pfalz. Viele neue Premiumwanderwege sind hier in den letzten Jahren hinzugekommen. Und natürlich hat auch die Rheinebene viele Schätze zu bieten – nicht nur die alte Reichsstadt Speyer mit ihrem mächtigen Dom.
Herzlich

Manuela Blisse und **Uwe Lehmann** sind freie Autoren in Berlin. Neben dem Thema Reisen schreiben sie bevorzugt über Essen und Trinken, Hotellerie und Gastronomie, Lifestyle und Mode.

Für den Fotografen **Thomas Haltner** aus Pfungstadt – sonst oft in fernen Ländern unterwegs – war die pfälzische Nachbarschaft eine besondere Herausforderung.

Birgit Borowski
Programmleiterin DuMont Bildatlas

Impressionen

Rheinebene

Weinstraße · Norden

Weinstraße · Süden

UNSERE FAVORITEN

BEST OF …

DuMont
Aktiv

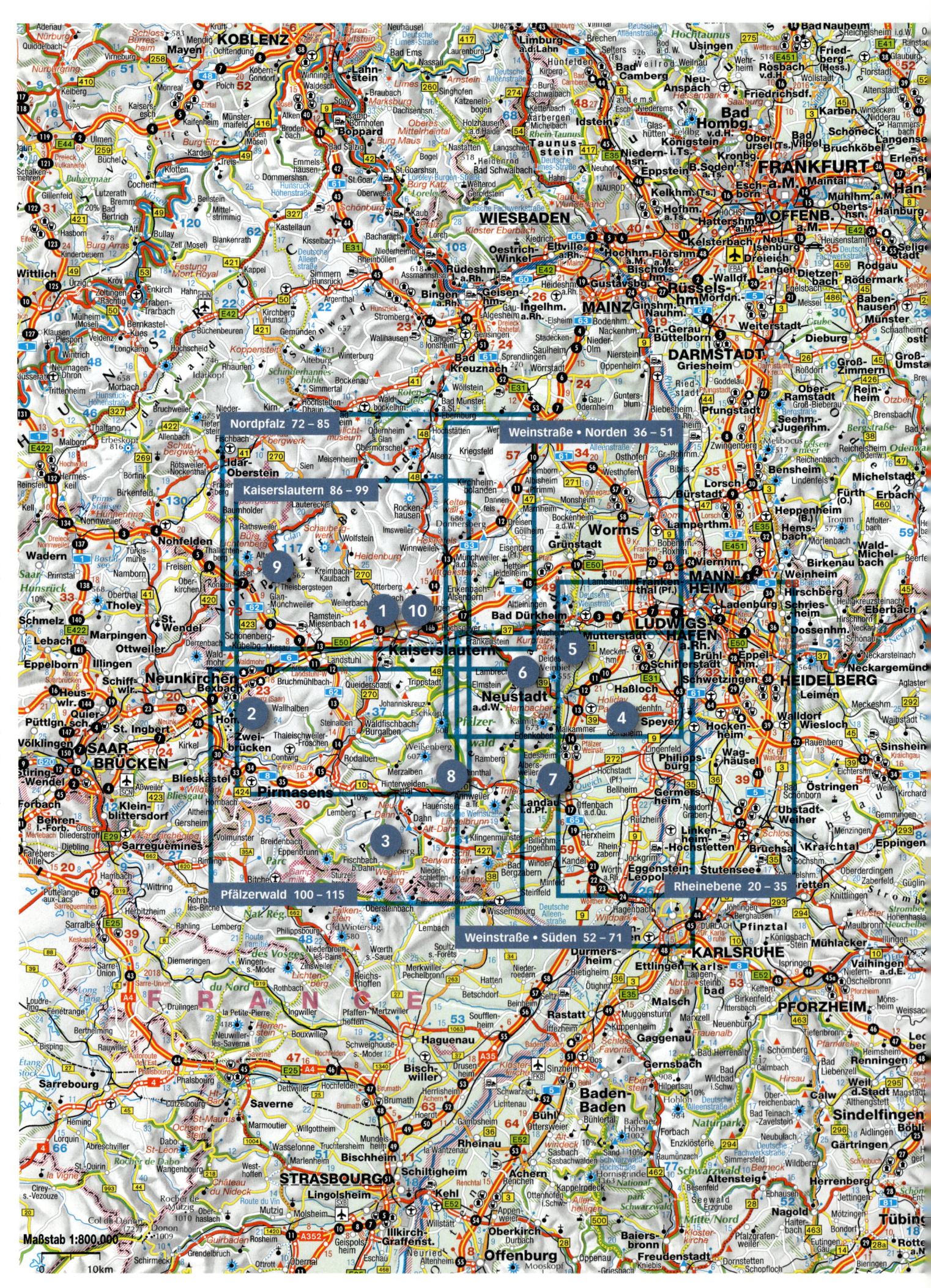

Maßstab 1:800.000

10km

Topziele

Die bedeutendsten Sehenswürdigkeiten der Pfalz sowie Erlebnisse, die Sie keinesfalls versäumen dürfen, haben wir auf dieser Seite für Sie zusammengestellt. Auf den Infoseiten ist das jeweilige Highlight als **TOPZIEL** *gekennzeichnet.*

NATUR

1 **Japanischer Garten:** Eine Oase der Ruhe mitten in Kaiserslautern ist dieser Landschaftspark. Hervorgegangen aus einem verwilderten Stück Park entstand hier Europas größter japanischer Garten. **Seite 97**

2 **Rosengarten in Zweibrücken:** Eine Rose ist eine Rose ist eine Rose. Auch in Zweibrücken. Dort blühen 45 000 Rosen aus über 2000 Arten, eine Ode an die Schönheit von April bis in den Herbst. **Seite 113**

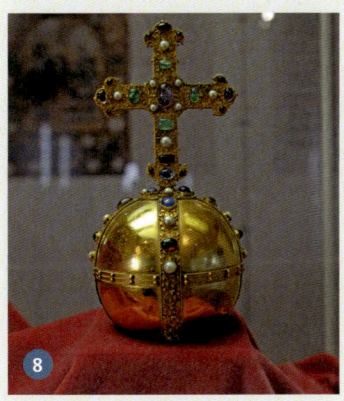

KULTUR

4 **Kaiser- und Mariendom zu Speyer:** Das weithin sichtbare romanische Monument war immer wieder Schauplatz großer Ereignisse deutscher Geschichte. **Seite 34**

5 **Die Altstadt von Freinsheim …:** … ist mit ihren schmucken Gassen und der gut erhaltenen Stadtmauer mindestens einen Bummel wert. **Seite 49**

6 **Hambacher Schloss:** Zu Besuch in der frisch renovierten Wiege der Demokratie. **Seite 51**

7 **Villa Ludwigshöhe:** Es gibt gute Gründe, das Schloss Ludwigs I. zu besuchen: Architektur, Kunst und das beeindruckende Panorama. **Seite 69**

8 **Trifels:** Wer sich für deutsche Geschichte interessiert, der kommt am Trifels mit Kaiserburg und Museum nicht vorbei. **Seite 71**

9 **Burg Lichtenberg:** Auch die Museen der Burg Lichtenberg sind informativ gestaltet – die größte Burgruine Deutschlands lohnt aber für sich selbst schon den Besuch. **Seite 83**

10 **Pfalzgalerie in Kaiserslautern:** Die renommierte Kaiserslauterner Pfalzgalerie präsentiert erstklassige moderne und zeitgenössische Kunst. **Seite 97**

ERLEBEN

3 **Dahner Felsenland:** Bizarre Buntsandsteinfelsen mit mächtigen Burgen und Burgruinen. Je nach Tageszeit strahlen die Felsen in immer neuen Rost- und Rottönen. **Seite 114**

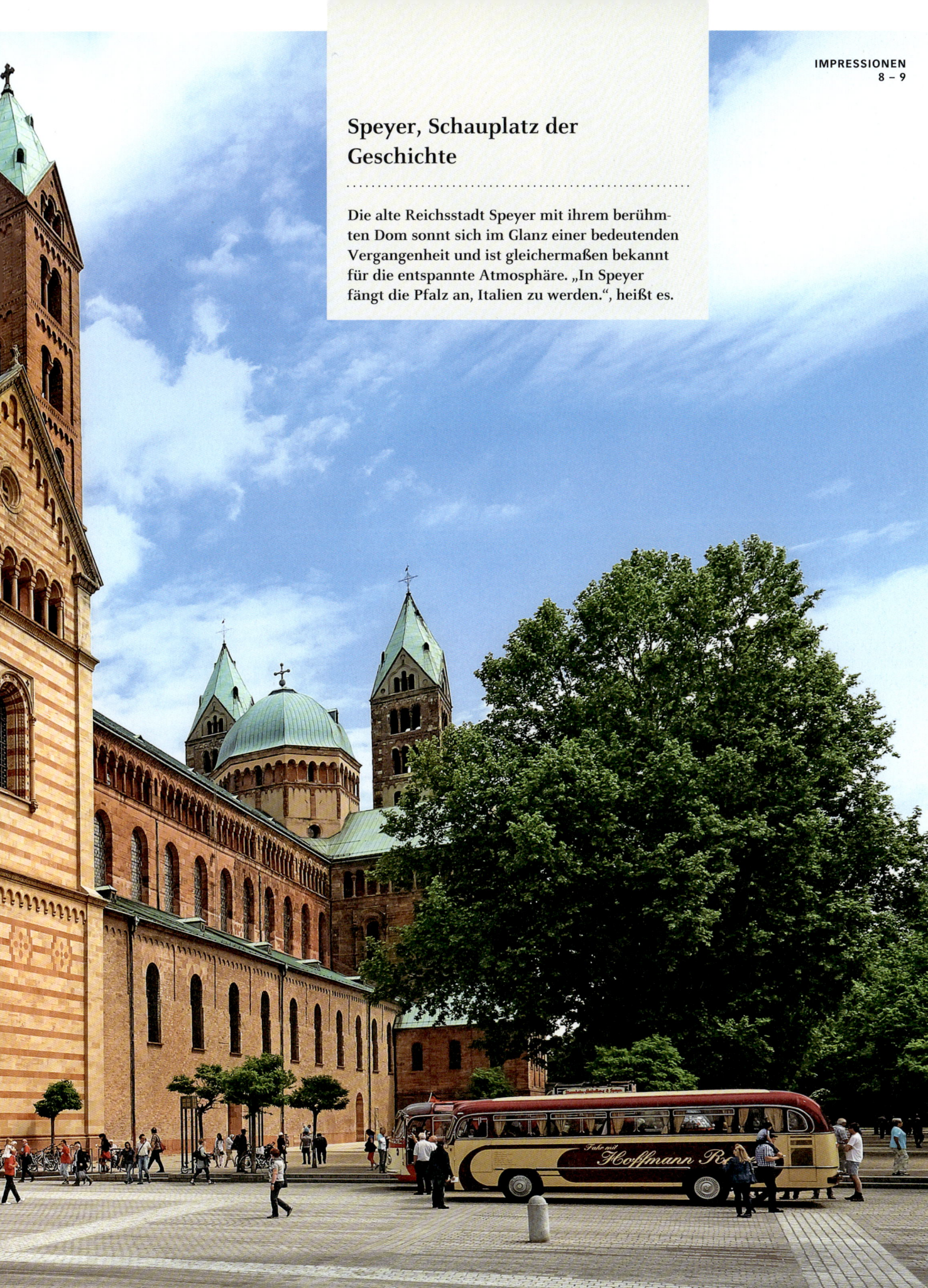

Speyer, Schauplatz der Geschichte

....

Die alte Reichsstadt Speyer mit ihrem berühmten Dom sonnt sich im Glanz einer bedeutenden Vergangenheit und ist gleichermaßen bekannt für die entspannte Atmosphäre. „In Speyer fängt die Pfalz an, Italien zu werden.", heißt es.

Naturgenuss im Pfälzerwald

Picknick auf einem Sandsteinfelsen: Der Pfälzerwald ist ein Dorado für Wanderer – und für Burgenfreunde. Gerade im südlichen Pfälzerwald wecken zahlreiche Ruinen Erinnerungen an die Adels- und Rittersleute des Mittelalters.

In der Altstadt von Bad Dürkheim

Zwischen Pfälzerwald und Rheinebene, an einem der schönsten Teilabschnitte der Deutschen Weinstraße gelegen, lädt die Altstadt von Bad Dürkheim zum gemütlichen Bummeln ein. Und wenn ein Eis-Café „La Gondola" heißt, bedeutet das nicht, dass es hier nicht gut pfälzerisch zuginge – aber die Pfalz ist halt „die Toskana Deutschlands".

Baumblüte bei Weyher
in der Pfalz

Frühling wird's, (nicht nur) die Bäume schlagen aus. Der kleine Weinbauort Weyher in der
Pfalz mit seinen rund 600 Einwohnern liegt
malerisch am Haardtrand, von Rebhügeln
umgeben am Fuß des Blätterberges. Unweit
von hier befindet sich die Villa Ludwigshöhe,
die Sommerresidenz von König Ludwig I., der
hier gern die Sommermonate verbrachte. Und
wo Könige gerne weil(t)en, da lassen auch
wir uns gerne nieder – zu jeder Jahreszeit.

Radtour im Pfälzerwald

Der Pfälzerwald ist Deutschlands größtes zusammenhängendes Waldgebiet. Als UNESCO-Biosphärenreservat genießt er besonderen Schutz, der auch für Wanderer und Radfahrer eine besondere Verantwortung bedeutet. Im Einklang mit der Natur die Region genießen – das kann man zum Beispiel gut auf der über 60 Kilometer langen, etwa 500 Höhenmeter überwindenden „Pfälzerwald-Tour" von Kaiserslautern nach Hinterweidenthal.

Die besten Weinfeste in der Pfalz

In der Pfalz, da wird gefeiert

Im Frühjahr geht es los und Schluss ist praktisch erst im Winter. Die Pfalz feiert gern und die Gäste feiern mit. Da gibt es Feste in der Stadt und auf dem Dorf, große Rummel und kleine „Weinkerwen" – alle haben ihren eigenen Charakter und ganz speziellen Reiz. Und ein Schoppen guter Wein ist in jedem Fall immer dabei.

3 Gleisweiler Weinkerwe

In dem Weindorf mit südländischem Flair und Blick auf die Rheinebene haben sich viele Maler und Bildhauer niedergelassen. Und dass Wein und Kunst bestens harmonieren, beweist die Weinkerwe „Wein & Kunst" immer wieder. Winzer und Vereine bewirten die Gäste in zahlreichen Winzerhöfen und Schankstellen. In einigen gibt es stimmungsvolle Festmusik, viele Ateliers laden zum Kunstbesuch ein und im Kurpfälzischen Zehnthof findet alljährlich eine Ausstellung statt.

1 Kaisertafel Speyer

Anlässlich des Stadtjubiläums „2000 Jahre Speyer" im Jahre 1990 veranstaltete der Hotel- und Gaststättenverband mit seinen Mitgliedern die erste „Kaisertafel". Die Idee geht auf ein kaiserliches Hoflager des Hohenstaufen-Kaisers Konrad III. Mitte des 12. Jahrhunderts zurück. Jeweils am zweiten Augustwochenende nehmen mehr als 1000 Gäste an der gedeckten Tafel zwischen Dom und Postplatz Platz und genießen erlesene Speisen, edle Weine und süffige Biere. Die teilnehmenden Gastronomen zeigen, was sie können, Kinder vergnügen sich am mittelalterlichen Riesenrad und bis in den Abend hinein gibt es Livemusik.

2. Augustwochenende
67346 Speyer
www.speyer.de
www.kaisertafel.com

2 Deutsches Weinlesefest Neustadt

Über zwei Wochen wird ab Ende September in Neustadt an der Weinstraße rund um den Wein gefeiert. Das Deutsche Weinlesefest ist alljährlicher Höhepunkt der Pfälzer Festsaison. Bereits Ende September, eine Woche vor dem eigentlichen Fest, öffnet das Winzerdorf „Haiselsche" seine Türen. Anfang Oktober geht es dann richtig los: Es gibt einen bunten Jahrmarkt und auf dem Programm stehen das w.i.n.e.FESTival im Spiegelpalast, die große Pfalzweinprobe im Saalbau, der größte Winzerfestumzug Deutschlands mit 150 000 Zuschauern und die Krönung der Pfälzischen und der Deutschen Weinkönigin.

Ende Sept./Anf. Okt.
67433 Neustadt a.d. Weinstraße, www.neustadt.eu

1. August-Wochenende
76835 Gleisweiler
www.gleisweiler.de

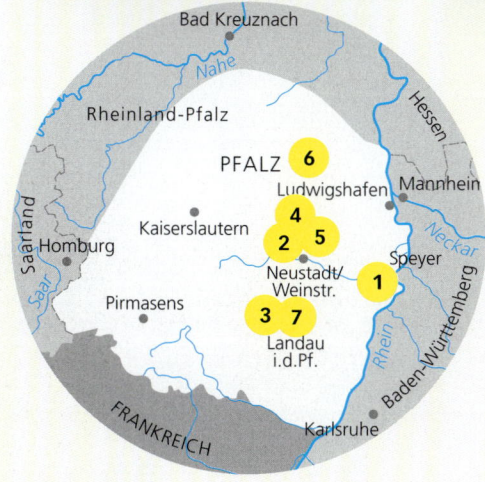

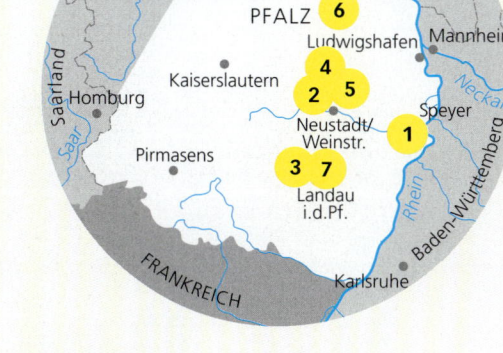

4 Ungsteiner Weinsommer

Römische Ruinen inmitten der Reben bilden das besondere Ambiente für das Weinfest in Bad Dürkheim-Ungstein. Die örtlichen Winzer präsentieren ihre Weine, servieren eine verfeinerte Regionalküche und, zum Ambiente des antiken Weinguts passend, eine kleine Auswahl römischer Speisen. Im ehemaligen Pferdestall im Freien oder in offenen weißen Zelten lauscht man Jazz- und Soulmusik. Winzer bieten eine moderierte kulinarische Weinreise unterm Sternenhimmel an.

Ende Juli
67098 Bad Dürkheim-Ungstein
Römisches Weingut
Weilberg, www.pfalz.de

5 Deidesheimer Weinkerwe

Neben der Geißbockversteigerung zu Pfingsten und dem Weihnachtsmarkt ist die Weinkerwe im August der dritte Höhepunkt im Deidesheimer Veranstaltungskalender. Die „Weingasse" zwischen Marktplatz und Bahnhof lädt zu Weinen aus besten Lagen ein, das kulinarische Angebot mit Pfälzer Spezialitäten stimmt, und auch das musikalische Begleitprogramm der Weinkerwe mit Flair kann sich stets hören lassen.

Zwei Wochen im August
67146 Deidesheim
www.deidesheim.de

6 Neuleininger Burg-Weinfest

Eine ganz besondere Atmosphäre erwartet die Besucher beim Fest auf der über 750 Jahre alten Neuleininger Burgruine. An langen Bänken und Tischen sitzend, genießt man stilvoll die ausgewählten Tropfen von drei Neuleininger Jungwinzern, isst pfälzische Küche dazu und tanzt zu den Klängen von live aufspielenden Pop-, Jazz- und Salsa-Bands.

Ende Juli
67271 Neuleiningen
www.burg-weinfest.de

7 Weinfest in der Pergola St. Martin

In etwa 430 Meter Höhe schmiegt sich die rebenbewachsene Pergola, die über 1000 Besuchern Platz bietet, an den Wingertsberg. Veranstaltet wird das Fest Mitte Juli vom Weinbauverein und der Jungwinzerschaft St. Martin. Entsprechend werden ausgesuchte St. Martiner Weinspezialitäten und Winzersekt ausgeschenkt. Dazu gibt es Deftiges aus der Pfälzer Küche.

Für Unterhaltung sorgt Livemusik und täglich pendelt eine „Schoppenbahn" zwischen St. Martin Ortsmitte und dem Weinfest in der Pergola. Das Fest wird jedes Jahr stets freitags um 19.00 Uhr von der amtierenden St. Martiner Weinprinzessin eröffnet.

Mitte Juli
67487 St. Martin
www.weinbauverein-sankt-martin.de/weinfest

Kunst, Genuss und Kunstgenuss

Von der alten Reichsstadt Speyer einmal abgesehen, ist die Rheinebene ein zu unrecht unterschätzter Teil der Pfalz, der zwischen Weinstraße und Rheinufer nebulös zu verschwimmen scheint. Dabei zeichnet sie ein scharfes Bild der modernen Pfalz mit Kunst und Genuss, mit Geschichte und Industrie, mit lebensfrohen Menschen und einer ganz eigenen Landschaft, die punktuelle Höhepunkte zu setzen vermag.

Speyer: Das 1176 erstmals erwähnte Altpörtel (Bildmitte) in der Maximilianstraße gehört zu den höchsten (55 m) Stadttoren Deutschlands.

UNESCO-Welterbe: Der zu Beginn des 11. Jahrhunderts (Grundsteinlegung um 1030) unter Kaiser Konrad II. als Grablege der Salier ...

... errichtete Dom von Speyer war zur Zeit des Baus das größte Gotteshaus des christlichen Abendlandes. Kaiser Konrad II. begründete damit auch den Aufstieg der Stadt zu einem der herrschaftlichen Zentren des Heiligen Römischen Reiches Deutscher Nation.

Aus der Luft betrachtet werden einem die wahren Dimensionen des heute sechstürmigen Sakralbaus bewusst.

Macht Euch auf nach Speyer", so heißt es schon in Goethes „Götz von Berlichingen". Die mehr als 2000 Jahre alte Reichsstadt gefällt durch eine unverwechselbare Mischung aus lebendiger Geschichte und pfälzischer Lebensart. Nicht ohne Grund behaupten die Einheimischen stolz: „In Speyer fängt die Pfalz an, Italien zu werden."

Kaiser, Könige und Bischöfe

Auf der Maximilianstraße, der berühmten Promeniermeile mit ihren barocken Häusern und einem fast schon mediterranem Gepräge, flanieren und konsumieren die Speyerer und lassen es sich bei der „Kaisertafel", dem alljährlichen Schlemmerfest im August, gut gehen – an einer langen Tafel mit Blick auf Dom und Altpör.

Die „Kaisertafel" führt mitten hinein in die Geschichte Speyers. Sie geht auf ein kaiserliches Hoflager des Hohenstaufer-Kaisers Konrad III. zurück, als Mitte des 12. Jahrhunderts über 100 im kaiserlichen Sold stehende Soldaten „per Dekret" verköstigt werden mussten. Zu der Zeit stand der Dom schon rund 100 Jahre; die heutige UNESCO-Welterbestätte, deren Bau bereits unter dem salischen Kaiser Konrad II. im Jahr 1030 begonnen wurde, war 31 Jahre später, 1061, geweiht worden. Acht deutsche

Der Kaiserdom zu Speyer ist die größte erhaltene romanische Kathedrale Europas.

Kaiser und Könige, vier Königinnen und Bischöfe haben in der eindrucksvollen Krypta unter dem 134 Meter langen Kirchenschiff ihre letzte Ruhe gefunden – Beleg für die außerordentliche Bedeutung des Doms und der Stadt für die deutsche Geschichte. Ebenso wie die 50 Reichstage, die hier seit dem Jahr 1294 abgehalten wurden.

Ansichten von Speyer (im Uhrzeigersinn von ganz oben links): St.-Georgs-Brunnen vor der Alten Münze in der Maximilianstraße, Blick vom Altpörtel über die Maximilianstraße zum Kaiserdom, fröhlich lächelnde Grazien beim 1910 erstmals gefeierten „Brezelfest", heute das größte Volksfest am Oberrhein, und der einstmals nach jeder Bischofswahl mit Wein gefüllte Domnapf vor dem Kaiserdom.

Zur „Kaisertafel" in Speyer gehören immer auch Erinnerungen ans Mittelalter.

„Kochkunst, Trinkkultur und Speyerer Lebensfreude" ist das Motto der alljährlich stattfindenden „Kaisertafel".

Doch daran denkt der Einheimische wohl zuletzt, wenn er sich im Sommer auf der Maximilianstraße, seinem verlängerten Wohnzimmer, der beschwingten Pfälzer Lebensart hingibt. Dann kreisen seine Gedanken nur um eines: wie einen Platz bekommen auf der längsten Freilufterrasse der Stadt?

Konkurrenz für den Dom

Es gibt tatsächlich Besucher, die kommen nach Speyer und haben keinen Blick für den Dom und keinen Sinn für deutsche Geschichte. Den hohen Turm, den sehen sie wohl, doch Kirche bleibt schließlich Kirche. Sie zieht es wegen anderer Attraktionen in die Stadt am Rhein. Dabei liegen ihre Fixpunkte nicht weit vom Welterbe entfernt. Technik-Museum, SeaLife und IMAX-Dome heißen ihre modernen Kathedralen. Und diese haben in mancherlei Hinsicht nicht weniger zu bieten als das geschichtliche und kulturelle Erbe, sind sie doch Teil unserer heutigen Kultur. Wer weiß, wie ein Vergleich der Besucherzahlen ausfallen würde ...

Die vor dem Technik-Museum in den Himmel ragende Boeing 747, ein ehemaliger Jumbo-Jet der Lufthansa, prägt das Stadtbild inzwischen fast ebenso wie die Türme des berühmten Doms. Die Verbindung zwischen den beiden Himmel-

stürmern schafft dann schließlich der Rhein. Denn just vom SeaLife Center legen die Fahrgastschiffe ab, die vom Wasser aus den wohl schönsten Blick auf den Dom ermöglichen.

Eine andere Welt

Denkt man an Ludwigshafen, fällt einem der Fernseh-Tatort, BASF und der Rhein ein – meist in dieser Reihenfolge. An die Pfalz denkt man jedenfalls so schnell nicht, es sei denn, es kommt einem Ludwigshafen-Oggersheim in den Sinn, dann erinnert man sich an Alt-Kanzler Helmut Kohl, und der war ja bekanntlich Pfälzer. Immerhin: Oggersheim ist der größte Stadtteil Ludwigshafens und hat eine mit Abstand bedeutendere Geschichte zu bieten.

Auch der Besucher der Homepage der Rheinstadt hat nicht das Gefühl, in der Pfalz zu sein. Denn Ludwigshafen vermarktet sich als Stadt am Rhein unter der Metropolregion Rhein-Neckar und zeigt potenziellen Besuchern erst einmal die kalte Schulter – einen offensichtlichen Tourismus-Zugang sucht der neugierige Internet-Surfer jedenfalls vergebens. Mehr zufällig entdeckt man nach einigem Suchen und „Klicken" auf der Internetseite auch touristische Informationen etwa zu Ludwigshafener Stadtführungen des Vereins LUST mit dem

Das Mittelalter ist natürlich auch ein Thema des Historischen Museums der Pfalz in Speyer.

Das Judenbad erinnert an die einst große
jüdische Gemeinde in der Rheinstadt.

Das Technik Museum Speyer zeigt in und um eine 1915 hier errichtete Flugzeugfertigungshalle vor allem Verkehrstechnik der letzten 100 Jahre.

Goldener Hut in Speyers Historischem Museum der Pfalz

virtuellen Versprechen www.lust-auf-lu. de – schließlich gibt es für Besucher in „Lu" etwas zu entdecken. Hartnäckige stoßen irgendwann noch auf die „Lu-kom", die Ludwigshafener Kongress- und Marketing-Gesellschaft, und deren Möglichkeiten, sich virtuell auf das touristisch präsentierte Ludwigshafen zu stürzen.

Eine moderne, junge Stadt

Ludwigshafen ist eine moderne und noch junge Stadt, die im Jahr 2003 ihr 150-jähriges Jubiläum feierte. Groß geworden ist sie mit der Industrie und dabei vor allem mit der BASF. Der Standort Ludwigshafen gilt mit einer Größe von mehr als zehn Quadratkilometern als das weltgrößte zusammenhängende Chemieareal. Insgesamt werden hier in mehr als 200 Produktionsbetrieben etwa 8000 chemische Produkte hergestellt, sind die Konzernleitung, Verwaltung, Technologie- und Forschungszentren im Herzstück des Weltkonzerns angesiedelt.

Wie alles anfing

Begonnen hat die Firmengeschichte in Ludwigshafen 1865. Am 6. April jenen Jahres gründete Friedrich Engelhorn im benachbarten Mannheim die Aktiengesellschaft „Badische Anilin- & Soda-Fabrik", die BASF eben.

Eine Rheinschifffahrt sollte man keinesfalls versäumen.

Im Osten bildet der Rhein die Grenze der Pfalz. Südlich von Speyer liegt bei Berghausen
dieser Altrheinarm.

In der Rheinebene gedeiht ausgezeichnetes Obst und Gemüse.

Pfälzer Jakobswege

Special

Geleitet von der Jakobsmuschel

Die Pfalz liegt mitten im Wegenetz der Jakobspilger, die sich schon im frühen 11. Jahrhundert zu Fuß aus ganz Europa zum Grab des verehrten Apostels Jakobus in Santiago de Compostela aufmachten.

Der spanische Hauptweg und die vier Wege durch Frankreich zählen zum UNESCO-Welterbe, die Wege der Jakobspilger wurden vom Europarat zur Europäischen Kulturroute erhoben, werden nach und nach wiederbelebt und ausgezeichnet – in der Pfalz vom Pfälzerwaldverein mit dem Symbol der Jakobsmuschel, dem traditionellen Pilgerabzeichen. Ausgangspunkt für die Pfälzer Jakobswege ist Speyer.

Von der Bischofsstadt führen zwei Wege quer durch die Pfalz zum Kloster Hornbach, wo der Pfälzer Jakobsweg Anschluss an den weiterführenden Weg ins lothringische Metz hat.

Die Jakobsmuschel als Symbol der Route

Während die nördliche Route (rund 148 km) über Neustadt, Landstuhl, Homburg und Zweibrücken verläuft, folgt die südliche (136 km) dem Rhein aufwärts nach Germersheim und durchquert dann die Rheinebene in Richtung Landau, zieht sich ein Stück der südlichen Weinstraße entlang, um bei Bad Bergzabern in den Pfälzerwald abzubiegen.

Nachdem der geplante Grundstückserwerb im badischen Mannheim scheiterte, entstanden die Fabrikgebäude am gegenüberliegenden Rheinufer im pfälzischen Ludwigshafen, das damals zum Königreich Bayern gehörte.

Weitere Unternehmen zogen nach – was dank der nunmehr benötigten Transportressourcen schließlich die Entstehung von Deutschlands zweitgrößtem Binnenhafen nach sich zog.

Eine große Verbundenheit

Anfangs lag die Chemiefabrik noch auf freiem Feld, mittlerweile natürlich mitten in der Stadt, die deshalb noch häufig mit dem Image einer schmutzigen Industriestadt zu kämpfen hat. Denn so ganz ohne Emissionen ist die Chemie halt doch immer noch nicht möglich, auch wenn die Verbesserungen diesbezüglich in den letzten Jahrzehnten bemerkenswert waren und sich Ludwigshafen selbst inzwischen durchaus als eine „grüne Stadt" sieht, in der man noch dazu recht gut shoppen kann.

Und dafür, dass zwischen der City am Rhein und BASF auch im übertragenen Sinn die Chemie stimmt, sorgen schon die Menschen. Bei 33 000 „Anilinern" und tausenden Ehemaligen ist die Verbundenheit verständlicherweise ausgesprochen groß.

WIRTSCHAFT

Die Pfalz im Wandel

*In der Pfalz tut sich was: in der ehemaligen Schuhmetropole
Pirmasens im tiefen Westen ebenso wie in der sonnigen Südpfalz,
dem einst größten Tabakanbaugebiet in Deutschland.*

Peter Kaiser produziert seit dem Jahr 1838 Schuhe in Pirmasens und ist bis heute der größte Arbeitgeber in dieser Traditionsbranche. Neben Kaiser kann nur noch Carl Semler auf eine ähnlich lange Firmengeschichte zurückblicken. 1937 gaben noch 291 Schuhbetriebe den Menschen in Pirmasens und Umgebung Arbeit. Für die rohstoffarme und verkehrsferne Gegend war die Schuhindustrie, die sich zu Beginn des 19. Jahrhunderts ansiedelte, eine Chance, der Armut zu entfliehen. Bis zu Beginn des 20. Jahrhunderts vermehrten sich die Betriebe rasant und zogen immer mehr Arbeitskräfte in die Region. Dass sich dadurch eine sehr einseitige Wirtschaftsstruktur herausbildete, störte keinen, denn Schuhe brauchte schließlich jeder.

Zu Beginn der 1960er-Jahre zeigten sich aber erste Schatten im Schuhparadies. Europäische Konkurrenz trat auf den Plan, einige Firmen verlagerten ihre Produktion in kostengünstigere Länder, 178 Betriebe machten zwischen 1963 und 1973 im Stadt- und Landkreis Pirmasens komplett dicht. Die Folgen waren innerstädtische Industriebrachen. Die Situation verschärfte sich, als Anfang der 1990er-Jahre die US-amerikanischen Streitkräfte allmählich abzogen und leere Kasernen und Wohnraum zurückließen. Jetzt war in Pirmasens Handeln angesagt.

Ein neues Science Center in der alten Schuhfabrik

Das Kernstück des Stadtumbaus bildet die ehemals größte Schuhfabrik Europas, das Gebäude der Rheinberger AG. In dem alten Industriebau werden heute unter anderem Muskeln und Gehirn trainiert. Neben Büros und einem Fitnessstudio wurde dort ein Science Center eingerichtet, das Dynamikum, das seit seiner Eröffnung 2008 Scharen von Besuchern anzieht und damit auch Kaufkraft in die Stadt bringt. Auf zwei Etagen lockt das Dynamikum mit physikalischen Experimenten unter dem Leitmotiv „Bewegung" Erwachsene und Kinder an (s. auch S.94).

Eine gelungene Umnutzung ist auch die ehemalige Schuhfabrik Neuffer, die heute einen Gewerbepark, Büros, Restaurants sowie ein Kultur- und Dienstleistungszentrum beherbergt. Dass Kultur und alte

Die Zeiten ändern sich: eine historische Aufnahme der Schuhfabrik Rheinberger in Pirmasens, in der heute das Science Center Dynamikum Kinder und Erwachsene wissenschaftlich auf Trab bringt.

Petersilienernte in Hayna, einem
Ortsteil von Herxheim bei Landau/
Pfalz (oben); Begutachtung der
Tabakernte in Herxheim (unten)

Industriebauten gut Hand in Hand gehen, zeigt die „Kammgarn" in Kaiserslautern, eine frühere Spinnerei unter Denkmalschutz, die an die ehemals blühende Textilindustrie der Region erinnert, heute eine deutschlandweit bekannte Bühne für Rock, Jazz, Blues und Pop.

Im Süden nichts Neues?

Obwohl die Südpfalz durch Weinbau und Tourismus eine eher stabile Wirtschaftsregion ist, vollzieht sich auch dort ein spürbarer Wandel. Nachdem im Jahr 2010 Subventionen für den Tabakanbau weggefallen sind, müssen die Landwirte in der einst größten deutschen Tabakanbaugemeinde Herxheim und der ältesten deutschen Tabakanbaugemeinde Hatzenbühl neue Wege suchen. Diese haben sie nun im Petersilienanbau gefunden. Die Erzeugergemeinschaft „Pfalzkräuter e.V." baut auf rund 100 Hektar Fläche Kräuter in integriert kontrollierter Bewirtschaftung an. Der einstige Tabakbetrieb Metz in Hayna hat eine Trocknungsanlage für Kräuter gebaut und nimmt die Lieferungen der 17 Landwirte entgegen, die ihre Flächen teilweise auf die kleine grüne Pflanze umgestellt haben. Die Tabakschuppen in Hayna und Herxheim zeugen nun von vergangenen Zeiten.

Fakten & Informationen

Für die **Experimente im Dynamikum** sollte man zwei bis drei Stunden Zeit mitbringen: Mo.–Fr. 9.00–18.00, Sa., So. und Fei. ab 10.00 Uhr. Tel. 06331 23943-0, www.dynamikum.de
Mehr über **Veranstaltungen in der Kammgarn** erfährt man unter www.kammgarn.de
In Herxheim kann man am Bruchweg ein vollständiges Ensemble alter **Tabakschuppen** sehen. Haynas Ortskern mit Tabakschuppen ist als Denkmalzone geschützt.

Zeugen aller Zeiten am Rhein

Der Rhein bildet die östliche Grenze der Pfalz. Schon die Römer ließen sich an seinen Ufern nieder, und später spielte die Stadt Speyer eine bedeutende Rolle weit über die Region hinaus. Ludwigshafen wiederum vertritt den Industriepart. Abseits der Ballungsräume dominiert Natur das Bild.

❶ Ludwigshafen

Die Großstadt am Rhein wird nach wie vor von der chemischen Industrie, vor allem der hier seit 1865 ansässigen BASF, bestimmt, ist mit 160 000 Einw. die größte Stadt der Pfalz. Im Zweiten Weltkrieg wurde die Geburtsstadt des Philosophen Ernst Bloch (1885–1977) und des Politikers Kurt Biedenkopf (* 1930) wegen ihrer wirtschaftlichen Bedeutung erheblich zerstört.

SEHENSWERT
Der von Kriegsschäden weitgehend verschont gebliebene Stadtteil **Hermshof** mit zahlreichen Gründerzeithäusern ist Zentrum und Altstadt zugleich. Kneipen, Cafés und Restaurants machen das Viertel zum Treffpunkt der Ludwigshafener. Die Verbindung zur Innenstadt stellt das bis 1979 errichtete **Rathauscenter** (Rathausplatz 20) her; das Hochhaus beherbergt neben der Stadtverwaltung und dem Stadtmuseum Geschäfte und Boutiquen. In der Innenstadt liegt auch der 1968 eingeweihte **Pfalzbau** (Berliner Str. 30) und bildet mit dem **Wilhelm-Hack-Museum** (Berliner Str. 23) und der **Staatsphilharmonie Rheinland-Pfalz** (1985; Heinigstr. 40, www.staatsphilharmonie.de) das sogenannte Kulturdreieck.
Die 1864 errichtete Lutherkirche (Lutherstr. 14) war der älteste protestantische Kirchenbau der Stadt; das Kirchenschiff wurde im Zweiten Weltkrieg zerstört, der Turm von 1880 blieb als Mahnmal erhalten. Hinter der aufwändig gestalteten Fassade der **Walzmühle** (Yorckstr. 2), einst die größte und modernste Getreidemühle Europas, verbirgt sich heute ein Shopping-Center. An pfalzgräfliche Residenzzeiten erinnert in Oggersheim die spätbarocke **Wallfahrtskirche Maria Himmelfahrt** (um 1775), einziger baulicher Überrest auf dem von französischen Revolutionstruppen verheerten Schlossareal.

MUSEEN
Im **Wilhelm-Hack-Museum** (Berliner Str. 23, www.wilhelmhack.museum; Di., Mi., Fr. 11.00 bis 18.00, Do. bis 20.00, Sa., So. 10.00–18.00 Uhr) werden Exponate aus der Römerzeit, der Zeit der Franken und dem späten Mittelalter präsentiert. Schwerpunkt ist jedoch die moderne Kunst des 20. Jh.s.. Der Namensgeber des Museums, Wilhelm Hack, hat dem 1979 gegründeten Museum seine Privatsammlung überlassen. Zu sehen sind u. a. Arbeiten von Ernst Ludwig Kirchner, Max Ernst, Pablo Picasso, Marino Marini und Marc Chagall. Eine Außenwand des Museums hat der spanische Künstler Joan Miró in ein Keramikkunstwerk verwandelt. Das **Stadtmuseum** von Ludwigshafen (Rathausplatz 20, Do.–So. 11.00–17.00 Uhr) ist der Ortsgeschichte gewidmet.

KULTUR
Mittelpunkt des kulturellen Lebens der Stadt ist das **Theater im Pfalzbau** (Berliner Str. 30, Kartenreservierung Tel. 0621 504 30 46, www.theater-im-pfalzbau.de) mit Schauspiel, Musiktheater, Tanz und Konzerten. Außerdem Spielstätte der Festspiele Ludwigshafen, mit Gastspielen bedeutender Bühnen, und der Festwochen.

UMGEBUNG
Das **Naherholungsgebiet Blaue Adria** bei **Altrip** besteht aus mehreren Seen, entstanden durch Kiesabbau. Besonders beliebt sind die

Blick auf die Rheinauen. Der Fluss selbst und die durch Kiesabbau entstandenen Seen bieten viele Freizeitmöglichkeiten.

Blaue Adria, der Jägerweiher, der Neuhofener Altrhein und der Kiefweiher. Große Sandstrände mit kleinen Dünen umrahmen die Blaue Adria und bieten Platz zum Sonnenbaden und Spielen. Bäume sorgen für Schatten, und sandige Landzungen unterteilen den See in kleine, flache Badebuchten, die besonders für Kinder geeignet sind. Es gibt einen Campingplatz und ein Hotel am Wasser. Der benachbarte Jägerweiher dagegen empfiehlt sich wegen seiner relativ steilen Ufer eher für geübte Schwimmer.

INFORMATION
Tourist-Information Ludwigshafen
Berliner Platz
67059 Ludwigshafen
Tel. 062151 20 35
www.lukom.com
www.ludwigshafen.de

❷ Speyer

Nicht ohne Stolz sagen die Einheimischen, in Speyer finge die Pfalz an, Italien zu werden. Ein Hinweis auf die fast mediterrane Atmosphäre, die in einer der ältesten Städte Deutschlands spürbar ist. Um die Zeitenwende von den Römern als Noviomagus gegründet, entwickelte sich Speyer (51 000 Einw.) u. a. als Veranstaltungsort diverser Hof- und Reichstage zu einer der bedeutendsten Städte im Heiligen Römischen Reich Deutscher Nation mit einem weithin sichtbaren Dom.

Speyer: Erlebniswelt Sea Life (o.l.), die Maximilianstraße (o.r.) und die Skyline mit Dom vom Rhein aus gesehen (unten)

SEHENSWERT

Der romanische **Kaiser- und Mariendom** TOPZIEL (Domplatz, www.dom-speyer.de; Nov. bis März tgl. 9.00–17.00, April–Okt. tgl. 9.00 bis 19.00 Uhr) – 1030 Grundsteinlegung, 1061 geweiht – wurde 1080 bis 1106 auf Wunsch Kaiser Heinrichs IV. zu einem der bedeutendsten und größten romanischen Bauwerke Deutschlands erweitert und umgebaut. Die Kathedrale des Bistums Speyer – und spätere päpstliche Basilika – übertraf im 11. Jh. in ihren Maßen der hohen Gewölbe alles Vorhandene. Nach der teilweisen Zerstörung 1689 durch einen von marodierenden französischen Truppen verursachten Brand drohte dem Bauwerk der Abriss. Erst 1772 bis 1778 erfolgte der Wiederaufbau des Langhauses, aber schon unter Napoleon drohte ihm 1805 erneut das Ende, das nur durch Intervention seiner Gemahlin Josefine verhindert wurde. Von 1854 bis 1858 erfolgte die neuromanische Errichtung des Westbaus. In der bis heute unverändert gebliebenen Krypta sind acht deutsche Kaiser und Könige, vier Königinnen und eine Reihe von Bischöfen beigesetzt. Auf dem Platz vor dem Domhauptportal steht der **Domnapf** (um 1300), der einst die Immunitätsgrenze zwischen städtischem und bischöflichem Herrschaftsbereich symbolisierte und nach Bischofsneuwahlen für das Volk mit Wein gefüllt wurde.

Nordw. des Doms ist die 1701 bis 1707 nach dem großen Brand von 1689 erbaute **Dreifaltigkeitskirche** (Große Himmelsgasse) ein ba-

rockes Kunstwerk mit schmuckvoller Innenausstattung. Aus dem Spätbarock stammt auch das **Rathaus** (Maximilianstr. 100); sehenswert sind der Rokoko-Ratssaal, das Ältestenratszimmer und der Trausaal. Nur einige Schritte entfernt befindet sich in der Kleinen Pfeffergasse 21 das mittelalterliche **Judenbad** mit der Ruine der Synagoge und dem rituellen Reinigungsbad aus dem 12. Jh. Am Alten Markt stand einst die 1689 zerstörte Alte Münze; 1748 wurde hier das **Kaufhaus** errichtet, in dem urspr. die Waren der Rheinschifffahrt umgeschlagen wurden und das heute ein Kulturzentrum beherbergt. Etwas westl. davon steht die **Seminarkirche** (Am Germannsberg 60, um 1300) mit dem „Bossweiler-Altar", einem Kunstwerk der Spätgotik. Über die Predigergasse gelangt man zur **Maximilianstraße**, Speyers Flaniermeile mit zahlreichen Geschäften, Cafés und Restaurants. Ihr östl. Ende markiert der Kaiserdom, am westl. erhebt sich das **Altpörtel**, mit 55 m eines der höchsten Stadttore Deutschlands. Bereits 1171 wurde das ehem. Haupttor der Stadt erwähnt (13. und 16. Jh.); es ist einer der letzten Überreste der mittelalterlichen Befestigungsanlagen und kann über 154 Stufen erklommen werden. Südl. davon zeigt das **Archäologische Schaufenster** (Gilgenstr. 13, Di.–So. 11.00 bis 17.00 Uhr, www.archaeologie-speyer.de) Ausstellungen zur Archäologie mit dem Schwerpunkt Pfalz und beherbergt zudem eine Gläserne Werkstatt. Etwas weiter südl. steht die Ende des 19. Jh.s erbaute **Gedächtniskirche** (Bartholomäus-Weltz-Platz 5), deren 100 m hoher Turm sogar den Dom überragt.

MUSEEN

Das **Historische Museum der Pfalz** am Domplatz 4 (www.museum.speyer.de; Di.–So. 10.00–18.00 Uhr) dokumentiert mit sechs ständigen Sammlungen die Kunst- und Kulturgeschichte der Stadt Speyer und der Pfalz: Urgeschichte, Römerzeit, Neuzeit, das Stadtmodell sowie den Domschatz und das Weinmuseum. Das **Technik Museum Speyer** (Am Technik Museum 1, www.technik-museum.de; Mo.–Fr. 9.00–8.00, Sa., So., Fei. bis 19.00 Uhr) zeigt auf einem riesigen Freigelände und im Industriedenkmal „Liller Halle" u. a. klassische Automobile, U-Boote, Flugzeuge, Lokomotiven, Schiffe, Feuerwehrfahrzeuge, Dampfmaschinen, Modelle, mechanische Musikinstrumente. Herausragend sind eine Antonov AN 22, das größte

Propellerflugzeug der Welt, eine Boeing 747 der Lufthansa und die „U9", ein 46 m langes U-Boot der Bundesmarine. Dem Museum angeschlossen sind ein IMAX-Kino und die neue Ausstellung „Erfinderland Rheinland-Pfalz". Dem in Speyer geborenen Kunstmaler Prof. Hans Marsilius Purrmann (1880–1966) ist das **Purrmann-Haus** (Kleine Greifengasse 14, Di. bis Fr. 15.00–17.00, Sa., So., Fei. 11.00–13.00 Uhr) nahe der Seminarkirche gewidmet; es zeigt rund 70 seiner Gemälde, Druckgrafiken, Aquarelle und Plastiken. Das **Feuerbachhaus** (Allerheiligenstr. 9, Di.–Fr. 16.00–18.00, Sa., So. 11.00–13.00 Uhr) in der südl. Altstadt ist Gedenkstätte für den berühmten Maler Anselm Feuerbach (1829–1880), der in dem unauffälligen Haus geboren wurde. Der **Kulturhof Flachsgasse** (Flachsgasse 3, Tel. 06232 91 98 58; Do.–So. 11.00–18.00 Uhr) bietet dem Kunstverein und der Städtischen Galerie Ausstellungsflächen für Aktivitäten. Unter dem Motto „Kunst im öffentlichen Raum" wurden in den vergangenen Jahren weit über 20 moderne Skulpturen in der Innenstadt aufgestellt, unter anderem auch im Skulpturengarten. **SeaLife** nennt sich die Unterwasserwelt, bei der Besucher dem Lauf des Rheins von der Quelle bis zur Nordsee folgen können (s. Unsere Favoriten für Familien S. 94/95).

VERANSTALTUNGEN

April: **Wein am Dom. Das Weinforum der Pfalz**. Das **Brezelfest** im Juli gilt als größtes Volksfest am Oberrhein. Mehr zur **Kaisertafel** auf S. 19. Im Dez. öffnet ein **Weihnachtsmarkt** mit Eisbahn vor dem Stadtpörtel.

INFORMATION
Tourist-Information
Maximilianstr. 13, 67346 Speyer
Tel. 06232 14 23 92
www.speyer.de

Tipp

Wein und Flair

....

Das Restaurant und die Weinstube „Zum Alten Engel" rühmt sich des schönsten Kellergewölbes der Stadt – wohl zu Recht. Urig und gemütlich ist es in jedem Fall, die Stimmung jeden Abend richtig gut, die regionale und feine saisonale Küche und die Weine sind über jede Kritik erhaben.

INFORMATION
Zum Alten Engel, Mühlturmstr. 7
67346 Speyer, Tel. 06232 7 09 14
www.zumaltenengel.de

③ Germersheim

Die einstige Grenz- und Festungsstadt (21 000 Einw.) war schon immer von Militär geprägt und hat in ihrer bewegten Geschichte einige Male die Herrschaft wechseln müssen. So geht der Ort zurück auf eine römische Soldatensiedlung (2.–4. Jh.). Von 1793 bis 1814 stand Germersheim unter französischer Herrschaft. Die einst mächtigen Festungsanlagen, noch vor Fertigstellung aufgrund der rasanten Waffenentwicklung veraltet und nach dem Versailler Vertrag 1921 geschleift, wurden weitenteils im 19. Jh. errichtet.

SEHENSWERT
Hauptattraktion sind die Überreste der einst imposanten **Festungsanlagen**, von denen Abschnitte noch erhalten und heute in Grünanlagen wie den Stadtpark Fronte Lamotte eingebettet sind. Dazu zählen das Wahrzeichen der Stadt, das Weißenburger Tor, und das Zeughaus mit dem Deutschen Straßenmuseum (Zeughausstraße). Im Ludwigstor ist das Stadt- und Festungsmuseum (Ludwigsring) untergebracht. Auch die Festungsanlage Fronte Beckers wird heute zeitgemäß genutzt; dort befinden sich der Skulpturenweg und das Kultur- und Jugendzentrum „Hufeisen". Sehenswert ist auch die katholische **Pfarrkirche St. Jakobus** vom Ende des 17. Jh.s.

MUSEEN
Vor allem die Geschichte der Stadt Germersheim, ihrer ehem. Festung und Garnison dokumentiert das **Stadt- und Festungsmuseum Germersheim** (Ludwigstor 1, April bis Nov. 1. So. im Monat 10.00–17.00 Uhr); neben der Geschichte des Militärs in der Stadt werden auch andere Bereiche wie die Ziegelindustrie, Rheinfischerei und Tabakverarbeitung dargestellt. Das **Deutsche Straßenmuseum** (Im Zeughaus, www.deutsches-strassenmu seum.de; Di. 10.00–21.00, Mi.–Fr. 10.00–18.00, Sa., So. 11.00–18.00 Uhr) ist deutschlandweit die einzige Ausstellung, die sich diesem Thema widmet. Ausgestellt ist u.a. ein altgermanischer Bohlenweg aus der Zeit um 800 v. Chr.

UMGEBUNG
Naturidylle und beliebtes Naherholungsgebiet für Wanderer, Radler und Kanuten sind die **Altrheinarme** bei Germersheim und Lingenfeld – die Internetseite www.lingenfelder-altrhein.de vermittelt einen guten Einblick in die einmalige Fauna dieses Gebiets. Über zahlreiche Fachwerkhäuser verfügt das von den Römern besiedelte **Rheinzabern** (13 km südl.). Das interessante Terra-Sigillata-Museum (Hauptstr. 35, www.terra-sigillata-museum.de, Mi.–Sa. 11.00–16.00, So./Fei. bis 17.00 Uhr) zeigt Funde aus römischer Zeit.

INFORMATION
Tourismus- Kultur- und Besucherzentrum
Weißenburger Tor, Paradeplatz 10
76726 Germersheim
Tel. 07274 9 73 81 72 oder 73
www.germersheim.eu

Genießen   Erleben   Erfahren

DuMont
Aktiv

Im Nachen auf dem Rhein

Farbenprächtige Eisvögel (s. Bild) und dezente Graureiher beobachten vom Ufer aus die Boote, die an ihnen vorbeiziehen. Mit einer Nachenfahrt auf dem Altrhein bei Germersheim erkunden Touristen und Einheimische eines der letzten Naturschutzgebiete dieser Art in Deutschland.

Ein bisschen fühlen sich die Passagiere wie im Urwald, wenn sie leise durch die Altrheinarme gleiten. Imposante Baumwurzeln und dichtes Gestrüpp stehen am Ufer und bieten Vögeln, Insekten und Fischen ideale Brut- und Laichplätze. In dieser Umgebung fühlen sich auch Schwarzmilan, Haubentaucher und verschiedene Entenarten wohl.

Die Bootsführer der Germersheimer Nachenfahrten öffnen den Gästen Augen und Ohren für dieses herrliche Fleckchen Natur. Johann Gottfried Tulla hat das Reservat im 19. Jahrhundert mit seinem Projekt der Rheinbegradigung geschaffen. Der Wunsch nach einem gut schiffbaren Rhein bewirkte, dass die Altrheinarme sich neben dem Strom zu einem Schutzraum für Pflanzen und Tiere entwickeln konnten. Von einem nachgebauten Fischerboot aus erleben die Passagiere das Zusammentreffen dieser beiden Wasserwelten, wenn sie an einem Durchstich vorbeifahren.

Weitere Informationen

Termine: 16. März und 14. Oktober tgl. bis zu vier Bootsfahrten für je zwölf Pers. Termine für Einzelpersonen sind bei der Tourist-Information zu erfahren, die auch

die **Buchungen** entgegennimmt: Tourist-Information Germersheim Tel. 07274 9 73 81 72 www.germersheim.de/tourismus

Der Altrhein bei Germersheim zählt zu den Naturschönheiten der Region. Man erkundet ihn am besten im Rahmen einer begleiteten Tour oder auf eigene Faust im Nachen.

Die Toskana des Nordens

Umgeben von Millionen Reb-stöcken, lässt sich zwischen dem Haus der Deutschen Weinstraße in Bockenheim und dem Deutschen Weintor an der Grenze zum Elsass heitere süd-liche Lebensart genießen. Der hier vorgestellte nördliche Teil mit berühmten Weindörfern wie Deidesheim, Wachenheim und Forst reicht bis Neustadt, wo das Deutsche Weinlesefest gefeiert und die Deutsche Weinkönigin gekürt wird.

Die Pfalz ist das zweitgrößte Weingebiet Deutschlands, und so spielen Weinbau, aber auch Obst- und Gemüseproduktion eine große Rolle.

Die Geißbockversteigerung vor dem Deidesheimer Rathaus erfordert sorgfältige Amtshandlungen des „Hohen Stadtgerichts" und macht durstig – gelöscht wird der Durst selbstverständlich mit Wein; schließlich sieht man hier nicht zufällig einen entsprechenden Krug fast an jeder (Wirtshaus-)Ecke.

Herausgeputzt: beim traditionsreichen Geißbockmarsch am
Pfingstdienstag von Lambrecht nach Deidesheim

Seit 600 Jahren kommt am Pfingstdienstag in Deidesheim ein Lambrechter Geißbock zur Versteigerung – heute ein Historienspiel mit Festcharakter.

Bad Dürkheim gilt als Heimat der historischen Feste. Bereits seit 1480 wird alljährlich zu Pfingsten das Käskönigfest gefeiert, aus dem das Stadtfest hervorgegangen ist. Noch älter ist allerdings ein Fest, das als größtes Weinfest der Welt gilt: der Wurstmarkt. Seit 1417 findet es immer im September – 2016 zum 600. Mal – an zwei Wochenenden statt, und Hunderttausende kommen. „Worscht & Woi" lautet das Motto, wobei die Frage ist, welche Rolle denn überhaupt die Wurst spielt. Denn Kernstück des Fests sind die „Schubkärchler", kleine Weinzelte mit hölzernen Tischen und Bänken, an denen man gemütlich zusammenrückt, bis wirklich niemand mehr dazupasst. 36 historische Weinstände erwarten die Besucher. Aber auch im Weindorf und in den Festzelten – alle angebotenen Weine und Sekte stammen übrigens aus Bad Dürkheim – sind Trinken, Feiern, Singen und Schunkeln angesagt. Aber besser nicht auf den zahllosen Fahrgeschäften. Attraktion für Weintrinker mit starken Nerven ist die größte mobile Geisterbahn der Welt. Noch nie war Gruseln spektakulärer.

Weinprobe Open-Air

Aber der Wurstmarkt ist nicht das einzige Bad Dürkheimer Weinfest, sondern nur das Spitzenereignis einer Saison, die schon im Februar mit der Präsentation des Pfälzer Barrique Forums im Kurhaus beginnt und mit den Weinnächten im März, der größten Open-Air-Weinprobe, einen weiteren Höhepunkt hat. Sommerliche Spitzenleistung diesbezüglich ist der Ungsteiner Weinsommer, nicht ohne Grund im Jahr 2007 von der Pfalzweinwerbung zum schönsten Weinfest gekürt. Inmitten von Reben und im einmaligen Umfeld einer Römervilla am Weilberg genießt man die Rebsäfte der örtlichen Weingüter.

Erlebnistag Deutsche Weinstraße

Immer am letzten Sonntag im August wird die Deutsche Weinstraße gestürmt: mit Rädern, phantasievollen Drahtgestellen, Rollschuhen, Rollern, ja sogar zu Pferd oder einfach zu Fuß. Nur Autos sucht man vergebens. Sie hätten zwischen dem Weintor in Schweigen und dem Haus der Weinstraße in Bockenheim auch keine Chancen, sich durch die Massen – auch hier sollen es Hunderttausende sein – hindurchzuschlängeln. Sie erwartet auf den 80 Kilometern Strecke und in den Weindörfern ein buntes Unterhaltungsprogramm. Mehr als 150 Schankstellen harren der Weindurstigen, viele Winzerhöfe haben geöffnet, zahlreiche Vereine laden zu einer Rast ein. Leckerbissen wie Saumagen-Torte

Viel Wein, viel Tradition: Das Museum für Weinkultur ist im Alten Deidesheimer Rathaus untergebracht (rechts), so mancher Winzerhof lädt zur Einkehr ein (unten), die erste Adresse am Platz ist der „Deidesheimer Hof" (rechte Seite oben), und der Hardenburg (rechte Seite unten) gaben im Jahr 1794 französische Revolutionstruppen den Rest.

oder Klassiker wie Medaillons mit Feige und Gorgonzola werden an einem Dutzend „Weinschmecker"-Stationen zubereitet. Und dazu wird passender Wein ausgeschenkt. Auf diese Weise wird die autofreie Weinstraße zu einer Route der Genüsse – von Alkoholkontrollen ist bisher noch nichts bekannt.

Wiege der deutschen Demokratie

Einheit, Freiheit und Demokratie – das waren die Forderungen, die rund 30 000 Menschen aus allen Bevölkerungsschichten auf dem Fest am Hambacher Schloss oberhalb von Neustadt an der Weinstraße stellten. Seit vom 27. bis 30. Mai 1832 dort zum ersten Mal schwarz-rotgoldene Fahnen wehten, gilt das Schloss als Wiege der deutschen Demokratie.

Mitte des 19. Jahrhunderts waren die romantischen Schriftsteller Victor Hugo und François René de Chateaubriand in Dürkheim und Deidesheim „à la recherche des temps perdu".

Nach umfangreichen Sanierungen und Umbauten bildet das Schloss nun wieder einen würdigen Rahmen der nationalen Gedenkstätte. Bereits in den ersten drei Monaten nach der Wiedereröffnung kamen 12 000 Besucher in die neue Ausstellung „Hinauf, hinauf zum Schloss", die die Ereignisse von 1832, wie es dazu kam und welches ihre Auswirkungen waren, dokumentiert. Die Besucher sollen gleichsam am Zug der Demokraten hinauf zum Schloss teilnehmen können. Fünf fiktive Zeitzeugen – eine Handwerksfrau, ein Student, ein Arzt, ein Journalist und eine Winzerstoch-

Ganz oben: Neustadts Marktplatz mit dem Barockrathaus. Oben links/rechts: Eine Fahrt mit dem „Kuckucksbähnel" bedeutet noch viel harte Arbeit.

Einer der Höhepunkte im Weinjahr ist die Wahl
der Weinkönigin in Neustadt an der Weinstraße.

Wiege der Demokratie: Hambacher Schloss

Wer mag, der kann in der „Wiege der Demokratie" nun auch seine Traumhochzeit erleben.

ter – informieren über das Hambacher Fest. Neu gestaltet wurden unter anderem der Festsaal, der Siebenpfeiffer-Saal und die Museumsräume. Auch ein elegant-schlichtes Restaurant wurde von dem für den Ausbau verantwortlichen schweizerischen Architekten Max Dudler entworfen, der hierfür 2012 den DAM Preis für Architektur in Deutschland erhielt. Genutzt wird das einst als Burg erbaute Schloss auch als Kongress- und Kulturzentrum. So finden zahlreiche Veranstaltungen statt – vom demokratischen Diskurs bis zum Kindertheater. Und wer mag, der kann in der „Wiege der Demokratie" nun auch seine persönliche Traumhochzeit erleben.

100 Prozent Pfälzer

Schon mit 16 Jahren gab es für den Neustädter Zeichner Steffen Boiselle nur noch Comics, denn bereits in diesem jugendlichen Alter verlegte er eigene Werke. Und das tut der heute 44-Jährige immer noch, kein Wunder, war doch schon sein Vater im grafischen Gewerbe. Besonders gern zeichnet Boiselle Pfälzisches – facettenreich, liebevoll humorig, mit leichter Hand und viel Herz. So entstand auch seine Serie „100 Prozent Pfälzer", die jede Woche in der Regionalzeitung „Rheinpfalz am Sonntag" erscheint. Auch in Buchform sind die Bildergeschichten inzwischen erschienen und liefern witzige und pointierte

Weinwanderung unter fachkundiger Leitung im renommierten Weingut „Reichsrat von Buhl"

Ohne Weinproben ist kein Weingut vorstellbar.

Aus einer Wallfahrt zur Michaelskapelle bei Bad Dürkheim ging der Wurstmarkt hervor. Der Name täuscht: Beim Wurstmarkt handelt es sich um eines der größten Weinfeste Deutschlands.

Blick über die hochgeschätzte Weinlage „Forster Ungeheuer"

Schnecken **Special**

Tempo!

Dem Hotelier Stefan Charlier, einem gebürtigen Hessen, haben es die bedächtigen Kriechtiere so sehr angetan, dass er sie züchtet. Der Slow-Food-Anhänger hatte einst ein Schneckenzüchterseminar am Bodensee besucht und ist inzwischen so erfolgreich, dass es im Hotel mit dem Schneckenlogo und einem Schneckenbrunnen vor der Tür sogar eine beliebte Schneckenspeisekarte gibt: „Der große Renner sind Bärlauch-Schnecken." Regelmäßig gibt der Hausherr des Asselheimer „Pfalzhotels" ein Schneckenfest. Schneckenrennen werden veranstaltet, und sogar eine Schneckenkönigin wurde gewählt. Längst plant der Herr über 30 000 Weinbergschnecken eine Erweiterung seiner Farm, die auch besichtigt werden kann. Und ein erstes Pfälzer Schneckenkochbuch hat Charlier auch schon herausgebracht.

Gags für alle Freunde der fröhlichen Pfälzer Lebensart.

Dabei geraten der „normale Pfälzer" und der Fan des 1. FC Kaiserslautern genauso ins humoristische Fadenkreuz wie Prominente à la Alt-Bundeskanzler Helmut Kohl. Und natürlich wird auch die sagenhafte Elwetritsche nicht verschont und fand so ihren Weg in die Postkartenreihe mit den unverwechselbaren Boiselle-Pfalz-Comics.

100 Prozent Genuss

Wie könnte es anders sein: Die Weinstraße ist auch eine Genussstraße. Schließlich werden hier zu Spitzenweinen kulinarische Spitzenleistungen serviert. Die Dichte an erstklassigen Adressen – von der bodenständigen Essstube bis zum hoch dekorierten Gourmettempel – ist wohl nirgends in der Pfalz so ausgeprägt wie an der Weinstraße. Dabei sind Tradition wie Innovation gleichermaßen vertreten.

Zwar hat Sternekoch Dieter Luthe sein gleichnamiges Restaurant inmitten der malerischen Altstadt von Freinsheim geschlossen, an erstklassigen kulinarischen Adressen herrscht dennoch keineswegs ein Mangel. So erkochte etwa der junge Benjamin Pfeifer im Restaurant Urgestein im Steinhäuser Hof in Neustadt einen Mi-

chelin-Stern und 16 Punkte im Gault Millau. Jung und mit Stern, das gilt auch für Daniel Schimkowitsch am Herd des Ketschauer Hofs in Deidesheim. Dort wurde aus dem Restaurant „Freundstück" das neu gestaltete Gourmet-Restaurant L. A. Jordan und auch das legerere Bistro 1718 im selben Haus ist allemal noch eine Empfehlung wert.

Cittaslow an der Weinstraße

Überhaupt ist Deidesheim das herausragende Genießerstädtchen an der Weinstraße. Schließlich sitzt hier auch der Platzhirsch, der „Deidesheimer Hof" mit dem Sterne-bedachten „Schwarzen Hahn", das unter Stefan Neugebauer einen erneuten kreativen Schub erhielt, und dem als Landgasthof aufgemachten „St. Urban", das Gehobenes rustikal-pfälzisch verpackt. Nicht nur der Alt-Kanzler Kohl liebt es, der mit seinen Staatsgästen vielleicht gern auch eine Ecke weiter gegangen wäre, denn bodenständig mit Pfiff geht man mit den pfälzischen Klassikern auch im „Kirchenstübl" um. Dort kann man auch schlicht bei einem guten Schoppen Riesling versacken.

Es gibt also einiges zu genießen in Deidesheim. Nicht umsonst hat sich das Städtchen der internationalen Vereinigung „cittaslow" angeschlossen, die auf den Slow-Food-Gedanken zurückgeht.

Unsere Lieblingswinzer in der Pfalz

Weingüter mit Klasse

Die Pfalz ist das zweitgrößte Weinanbaugebiet Deutschlands – in über 1500 Weingütern kümmert man sich um mehr als 100 Millionen Rebstöcke. Dabei zeigen sich die Pfälzer Winzer, ob weiß, ob rot, schon immer überaus kreativ und innovativ und pflegen häufig einen ganz eigenen Stil. Kein Wunder, dass der Genussfaktor hoch ist.

5

3

3 Philipp Kuhn

Phillip Kuhn gehört zu den erfolgreichsten deutschen Winzern. Er setzt ganz auf Handarbeit, Erfahrung und Bauchgefühl. In der Regel baut er alle seine Weine trocken aus. Neben den eher hochpreisigeren Großen Gewächsen gibt es auch Weine für alle Tage. So ist sein Riesling in der Literflasche ein Top-Alltagswein für Anspruchsvolle. Gutsverkauf.

Weingut Philipp Kuhn
Großkarlbacher Str. 20
67229 Laumersheim
Tel. 06238 6 56, www.wein gut-philipp-kuhn.de

1 Weingut Bassermann-Jordan

Das traditionsreiche Weingut befindet sich mitten im Herzen des Genießer-Städtchens Deidesheim. Zu Bassermann-Jordan gehören berühmte Lagen wie Forster Ungeheuer und Deidesheimer Herrgottsacker. Natürlich sind die Rieslinge großartig, aber ein besonderer Tipp sind auch die Rebsortenweine, preiswerte eigenständige Weine wie etwa der Blanc de Noir, hell gekeltert aus Spätburgunder, Merlot und Cabernet oder auch der fruchtig-frische Sauvignon Blanc.

Weingut Geheimer Rat
Dr. von Bassermann-Jordan
Kirchgasse 10
67146 Deidesheim
Tel. 06326 60 06
www.bassermann-jordan.de

2 Vier Jahreszeiten Winzer

Genossenschaften haben, was die Qualität ihrer Weine angeht, nicht immer den besten Ruf. Zu Unrecht wie die Vier Jahreszeiten Winzer mit ihren zahlreichen prämierten Tropfen zeigen. Ein besonderes Augenmerk legt man dabei auch auf die Rotweine wie den No.1 Spätburgunder Rotwein, Spätlese, trocken. Genießen, verkosten und käuflich erwerben kann man die Weine in der neuen Vinothek.

Vier Jahreszeiten Winzer eG
Limburgstr. 8
67098 Bad Dürkheim
Tel. 06322 9 49 00
www.vj-wein.de

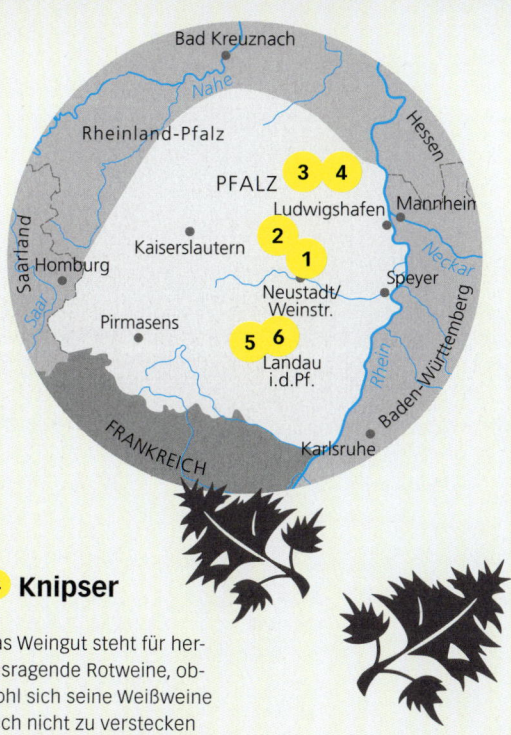

④ Knipser

Das Weingut steht für herausragende Rotweine, obwohl sich seine Weißweine auch nicht zu verstecken brauchen. Knipsers Cuvée X ist den klassischen Cuvées aus Bordeaux nachempfunden und besteht aus Cabernet Sauvignon, Cabernet Franc und Merlot im Stil eines Medoc. Gutsverkauf sowie Weinverkauf zu Weingutspreisen auch am Abend sowie an Sonn- und Feiertagen im Gutsausschank „Knipsers Halbstück" in Bissersheim.

Weingut Knipser
Johannishof
Hauptstr. 47–49
67229 Laumersheim
Tel. 06238 7 42
www.weingut-knipser.de

⑤ Emil Bauer & Söhne

Neben den Etablierten sorgen auch Newcomer wie die Brüder Martin und Alexander Bauer immer wieder für Spitzenweine. Zwar gefallen Namen und Etiketten von Weinen wie dem „Sex, Drugs & Rock'n-Roll-Riesling" oder dem „nichts für Rassisten, Terroristen, Arschlöcher Sauvignon Blanc" nicht jedem und wirken etwas aufgesetzt.

Umso überraschender überzeugen Weine wie der „Pinot Grigio, Pinot Gris, Bullshit – drink real Grauburgunder 2014" auch Skeptiker.

Weingut
Emil Bauer & Söhne
Walsheimer Str. 18
76829 Landau-Nußdorf
Tel. 06341 6 17 54
www.bauerwein.de

⑥ Weingut Wolf

Kleine Familienweingüter sind das Rückgrat der Weinwirtschaft. Und viele sind längst in der Wein-Moderne angekommen. Der junge Mathias Wolf etwa steigert sich von Jahr zu Jahr und ringt an der Südlichen Weinstraße dem „Keschdebusch", dem Birkweiler Kastanienbusch, eine steile Terrassenlage, hervorragende Rieslinge ab, aber auch erstklassige Weiße Burgunder und Spätburgunder ab. Doch auch mit seinen Literweinen macht man kaum etwas verkehrt. Gutsverkauf.

Weingut Wolf
Hauptstr. 36
76831 Birkweiler
Tel. 06345 91 92 03
www.weingut-wolf-birkweiler.de

Alles dreht sich hier um Wein

Deutsche Weinstraße – die älteste Touristik-Route verheißt vielfältige Erlebnisse mit und um die Traube. Ansehnliche Dörfer und Städte wie Freinsheim dokumentieren, dass Wein auch Wohlstand bedeutete. Eine Kette von Weinbergen lässt auf herrlichen Wanderungen ihre Früchtepracht reifen sehen.

❶ Grünstadt

Die einstige Residenzstadt der Grafen von Leiningen (13 000 Einw.) liegt im Norden der Weinstraße. Sie bezeichnet sich als Mittelpunkt der Unterhaardt, einer traditionsreichen Region des Weinbaugebiets Pfalz.

SEHENSWERT

Das barocke **Rathaus** (Kreuzerweg 2) und der **Leininger Hof** in der Neugasse stammen noch aus der Residenzzeit im 18. Jahrhundert. Wahrzeichen der Stadt ist die ebenfalls zu dieser Zeit entstandene evangelische **Martinskirche** am Schlosspark.

UMGEBUNG

In **Bockenheim** (nördl.) beginnt – oder endet – am Haus der Deutschen Weinstraße (1995, Veranstaltungen) die gleichnamige Route. **Alt-** und **Neuleiningen** (südw.) sind zwei reizende Burgdörfchen, die an die große Zeit der Grafen erinnern, die einst ihren Stammsitz in der Burg von Altleiningen hatten. Diese mächtige Burg wurde im 13. Jh. von Graf Friedrich II. erbaut und 1690 von den Franzosen während des Pfälzischen Erbfolgekrieges zerstört.

INFORMATION

Tourist-Information
Hauptstr. 84, 67269 Grünstadt
Tel. 06359 929 72 34, www.gruenstadt.de

❷ Freinsheim

Der malerische Ort ist für große Weine bekannt, aber auch als gelungenes Beispiel für ein liebevoll-sorgfältig restauriertes Stadtbild.

SEHENSWERT

Die **Altstadt** TOPZIEL mit ihren schmucken Gassen und der gut erhaltenen Stadtmauer ist einen ausgedehnten Rundgang wert. Auffällig sind an der Stadtmauer die trutzigen Türme. Der **Casinoturm** wird heute als Theater genutzt (www.theader.de) und professionell bespielt. Die 1,3 km lange, im 15. Jh. aus rotem Sandstein gebaute Mauer war einst fast 8 m hoch. Der fast 300 Jahre alte **Von-Busch-Hof**

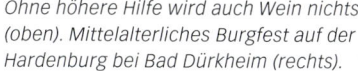

Ohne höhere Hilfe wird auch Wein nichts (oben). Mittelalterliches Burgfest auf der Hardenburg bei Bad Dürkheim (rechts).

mit seinem kopfsteingepflasterten Innenhof wurde restauriert zum kulturellen Zentrum der Stadt, in dem zahlreiche Veranstaltungen stattfinden. Ein Herrenhaus aus dem 18. Jh. ist das **Retzerhaus**. Das schöne historische Rathaus am Marktplatz wurde 1750 erbaut und beherbergt heute die Tourist-Information. Einige Jahre jünger ist die katholische Kirche **St. Peter und Paul** von 1772/1775 mit einem barocken Hochaltar aus hellgelbem Odenwälder Sandstein.

AKTIVITÄTEN

Mai bis Mitte September finden fast wöchentlich in der gesamten Gegend traditionelle Ortsweinfeste statt. Inmitten von Weinbergen und Streuobstwiesen liegt der **Golfgarten Deutsche Weinstraße** (www.golfgarten.de) in Dackenheim, direkt an Freinsheim grenzend.

INFORMATION

i-Punkt Freinsheim
Hauptstr. 2, 67251 Freinsheim
Tel. 06353 98 92 94, www.freinsheim.de

❸ Bad Dürkheim

Die Kreisstadt (19 000 Einw.) ist ein Kur- und Weinort an der Weinstraße, für das größte Weinfest der Welt ebenso bekannt wie für das größte Weinfass. Im Kurzentrum des Mineralbades erholt man sich, in der angeschlossenen Spielbank wird „gezockt".

SEHENSWERT

Eine der Attraktionen ist das **Dürkheimer Fass**, mit einem Fassungsvermögen von 1,7 Mio. Litern größtes der Welt und heute Weinstube. In der Altstadt finden sich noch einige enge Gassen und idyllische Winkel. Moderner ist das klassizistische **Kurhaus** (1822–1826) am Schlossplatz. Im selben Stil wurde die **Pfarrkirche St. Ludwig** (1828/1829; Kurgartenstr. 16) errichtet. Hübsch anzusehen ist der 1988 auf dem Bahnhofsplatz aufgestellte **Wurstmarktbrunnen**.
Über dem Ort erheben sich mit dem UNESCO-Welterbe-**Kloster Limburg** die Überreste der einstigen Benediktinerabtei als herausragen-

des Beispiel für die Baukunst der Salier, 1025 vom späteren Kaiser Konrad II. gegründet und 1504 endgültig niedergebrannt (tgl. 9.00–17.30 Uhr). Im Sommer finden Konzerte und Theateraufführungen statt. Eine weitere mächtige Ruine, **Burg Hardenburg**, war ab dem 13. Jh. Sitz der Grafen von Leiningen (1794 zerstört) und liegt oberhalb des gleichnamigen Ortsteils (April–Sept. Di.–So. 9.00–18.00 Uhr, sonst kürzer und im Dez. geschl.; mittelalterliches Burgfest am letzten Septemberwochenende). Ein Naturdenkmal ist der **Teufelsstein** nördl. der Isenach, einst wohl ein keltischer Opferfelsen.

MUSEUM

Das **Pfalzmuseum für Naturkunde – Pollichia-Museum** (Kaiserslauterer Str. 111, Tel. 06322 941 30, www.pfalzmuseum.de; Di. bis So. 10.00–17.00, Mi. bis 20.00 Uhr) im historischen Gebäude der Herzogmühle im Ortsteil Grethen informiert über die Geologie, die heimische Tier- und Pflanzenwelt und über das Biosphärenreservat Pfälzerwald-Nordvogesen.

VERANSTALTUNGEN

Der **Wurstmarkt** (2. bis 3. Wochenende im September) gilt als größtes Weinfest Deutschlands. Und im Sommer lädt Ungstein zu einem der schönsten **Weinfeste** an der Römerkelter (s. Favoriten Feste S. 19).

UMGEBUNG

Interessant ist in **Ungstein** das römische Weingut auf dem Wellberg mit einem Herrenhaus und einer Kelteranlage aus dem 3. Jh.; das Herrenhaus wurde weitgehend rekonstruiert. Mit seinen exzellenten Lagen ist **Wachenheim** (südl.) eines der renommiertesten Weindörfer. Besuchenswert ist das Freiluftmuseum mit der Villa rustica, einem römischen Landgut aus dem 2. Jh. (Weinstr. 15, www.villa-rustica-wachenheim.de; tgl. ganzjährig). Einer der bekanntesten Sekthersteller seit 1888 ist Schloss Wachenheim, das auch besucht werden kann. Oberhalb des Ortes steht die Ruine der Wachtenburg. Ein mit hübsches Weindorf ist auch **Kallstadt** (nördl.).

INFORMATION

Tourist-Information,
Kurbrunnenstr. 14, 67098 Bad Dürkheim
Tel. 06322 93 51 40
www.bad-duerkheim.com

④ Deidesheim

Alt-Kanzler Helmut Kohl lud gern Staatsgäste in den Weinstraßen-Luftkurort ein, der seit dem 8. Jh. von Wein-, Obst- und auch Gemüseanbau lebt. Bekannt ist der 3700-Einw.-Ort auch für seinen Pfingstmarkt mit der Geißbockversteigerung, die seit 1404 jeden Dienstag nach Pfingsten ausgerufen wird.

SEHENSWERT

Am **Marktplatz** reihen sich mehrere Sehenswürdigkeiten wie das für seine Freitreppe bekannte **Alte Rathaus** (um 1530 und um 1720),

Weinlesefest auf dem Deidesheimer Weingut „Reichtsrat von Buhl" (o.l.), Winzerfestumzug in Neustadt (o.r.), Kallstadt (u.r.).

in dem sich auch das Museum für Weinkultur befindet. Zu den Schätzen der katholischen **Pfarrkirche St. Ulrich**, zwischen 1440 und 1480 erbaut, gehören alte Heiligenfiguren, ein spätgotisches Glasgemälde, ein neugotisches Chorgestühl und Grabdenkmäler an der Außenfassade. Auf dem Marktplatz sprudelt seit 1851 der **Andreasbrunnen**, Beispiel pfälzischer Eisengusskunst. Andere originelle Brunnen sind der Geißbockbrunnen (Gernot Rumpf, 1985) in der Bahnhofstraße mit seiner Darstellung der traditionellen Versteigerungsveranstaltung und der Geschichts- und Brauchtumsbrunnen (2003) im Königsgarten. In dem wiederaufgebauten, Ende des 15. Jh.s. gegründeten **Bürgerspital** in der Weinstraße ist heute u. a. ein Café untergebracht. Im Park des ehem. **Bischöflichen Schlosses**, im 13. Jh. als Wasserburg des Fürstbistums Speyer errichtet, später zerstört und Mitte des 18. Jh.s. als Sommerresidenz wieder aufgebaut, steht ein Turm aus Buntsandstein, in dem heute der Turmschreiber von Deidesheim seiner Aufgabe nachgeht. Der Schlossgraben wurde zugeschüttet und zur Parkanlage umgestaltet.

MUSEEN

Wie vielfältig die Beziehungen zwischen Mensch und Wein sind, zeigt das **Museum für Weinkultur** (Marktplatz, Tel. 06326 98 15 61, www.weinkultur-deidesheim.de; März–Dez. Mi. bis So. und Fei. 16.00–18.00 Uhr). Mit rund 4000 Ausstellungsstücken von der Laterna magica bis zu modernen TV-Kameras präsentiert das **Deutsche Film- und Fototechnik-Museum** eine der größten Sammlungen film-, foto- und fernsehtechnischer Geräte (Do.–Sa. 14.00 bis 18.00 Uhr, So. 11.00–18.00 Uhr, Weinstr. 33, www.dftm.de, Tel. 06326 65 68).

VERANSTALTUNGEN

Deidesheimer Weinkerwe. s. S. 47.
Bei den **Deidesheimer Kunsttagen** im März treffen sich Künstler aus aller Welt zu gemeinsamen Arbeiten. Pfingstdienstag findet die **Deidesheimer Geißbockversteigerung** statt, eines der traditionsreichsten und unterhaltsamsten Feste der Pfalz.

UMGEBUNG

Guten Ruf hat bei Weinfreunden das Weindorf **Forst** (nördl.); weltbekannte Lagen wie „Kirchenstück", „Ungeheuer" oder „Jesuitengarten" lassen vor allem Rieslingfreunde auf-

horchen. Spitzenwinzer wie Eugen Müller haben sich zur Gemeinschaft Forster Winzer (www.riesling-und-mehr.de) zusammengeschlossen; mitten im „Forster Ungeheuer" öffnen sie ihre „Lagenkostbar" – von einem Rebenmeer umgeben werden an einer 40 m langen Weinbar über 70 Spitzen-Rieslinge ausgeschenkt.

INFORMATION

Tourist-Information
Bahnhofstr. 5, 67146 Deidesheim
Tel. 06326 9 67 70, www.deidesheim.de

⑤ Neustadt

Mit über 2000 ha Anbaufläche und einer Produktion von 20 Mio. Litern Wein im Jahr ist Neustadt an der Weinstraße zweitgrößte Weinbaugemeinde Deutschlands. Hier findet das Deutsche Weinlesefest mit der Wahl der Deutschen Weinkönigin statt, und deshalb wird Neustadt gern als Wein-Hauptstadt bezeichnet. Bekannt ist die Stadt (Stadtrecht 1275; 58 000 Einw.) außerdem durch das Hambacher Schloss und als Urheimat der sagenhaften Elwetritsche.

SEHENSWERT

Die **Altstadt** mit anheimelnden Sträßchen wie Mittelgasse und Hintergasse und dem Marktplatz mit gotischer Stiftskirche, **Renaissance-Scheffelhaus** (um 1580) und barockem **Rathaus** (1729) ist ein beliebtes Bummelziel. Die **Stiftskirche** wurde 1394 geweiht und ist heute durch eine Wand in einen evangelischen und einen katholischen Teil getrennt. Im mächtigen Neurenaissance-Saalbau (Bahnhofstr. 1, 1871/1873), der „guten Stube" der Neustädter, wird während des Deutschen Weinlesefests die Weinkönigin gekrönt. Im **Haus des Weins**

(Rathausstr. 6, www.haus-des-weines.com) mit einem aufwändig restaurierten Renaissance-Innenhof präsentieren Neustädter Weingüter ihre Weine. Das **Casimirianum** (Ludwigstraße), kurz „Casi" genannt, vereint Bauelemente aus Gotik und Renaissance; Pfalzgraf Johann Casimir hatte 1578 die calvinistisch-theologische Hochschule als Ausweichquartier für die damals lutherisch gewordene Universität Heidelbergs gegründet. Einen Blick wert ist der Elwetritschen-Brunnen von Gernot Rumpf am Marstallplatz (1978).

Das geschichtsträchtige neugotische **Hambacher Schloss** TOPZIEL (Urspr. 11. Jh., Wiederaufbau der Ruine ab 1844) wurde 2008 mit einer Dauerausstellung zum Hambacher Fest 1832 wiedereröffnet (www.hambacher-schloss.de; April–Okt. tgl. 10.00–18.00, sonst tgl. 11.00 bis 17.00 Uhr). Infos zu den für Kinder spannenden **Holiday Park** s. S. 94.

MUSEEN

Im **Eisenbahnmuseum** (Schillerstr. 3, Tel. 06321 3 03 90, www.eisenbahnmuseum-neustadt. de; Di.–Fr. 10.00–13.00, Sa., So. und Fei. 10.00–16.00 Uhr, 24.12.–1.3. geschl.) im historischen Pfalzbahn-Lokschuppen schlagen die Herzen von Eisenbahnfreunden höher. Mehr zum **Kuckucksbähnel** siehe Favoriten S. 95. Das **Otto-Dill-Museum** (Ecke Rathausstr. 12/Bachgängel 8, Tel. 06321 39 83 21, www.otto-dill-museum.de; Mi. und Fr. 14.00–17.00, Sa., So. 11.00–17.00 Uhr) hat über 150 Werke des für seine Tierbilder bekannten Malers (1884–1957) im Bestand.

Neustädter Geschichte zum Anfassen bietet das **Stadtmuseum** (Villenstr. 16b, Tel. 06321 855 75 40, www.stadtmuseum-neu stadt.de; Mi. und Fr. 16.00–18.00, Sa. und So. 11.00 bis 13.00, 15.00–18.00 Uhr) in der Gründerzeit-Villa Böhm (1886). Das **Weinbaumuseum** (An der Eselshaut 18) befindet sich im 1300-jährigen Herrenhof Mußbach, heute kulturelles Zentrum Neustadts neben dem Hambacher Schloss (April–Okt. 1. So. im Monat 14.00–18.00 Uhr, Führungen auf Anfrage, Tel. 06321 9 63 99 90). Im Herrenhof zeigt das **Keramikmuseum** in einer Dauerausstellung getöpfertes Braun- und Buntgeschirr aus der Region Bunzlau und der Oberlausitz (2. Wochenende im Monat 14.00 bis 18.00 Uhr).

VERANSTALTUNG
Deutsches Weinlesefest Sept./Okt., s. S. 18.

UMGEBUNG
Gassen, alte Gemäuer und die rebenumrankten Torbögen der Winzerhöfe prägen das Ortsbild des zu Neustadt gehörenden Erholungsortes **Gimmeldingen** (nördl.). Die im 13. Jh. erbaute **Wolfsburg** war einst die Hausburg von Neustadt an der Weinstraße und wachte über die Straße von Neustadt nach Kaiserslautern.

INFORMATION
Tourist-Information
Hetzelplatz 1
67433 Neustadt an der Weinstraße
Tel. 06321 92 68 92, www.neustadt.eu

Genießen   Erleben   Erfahren

DuMont Aktiv

Aussichtsreich im Cabrio

Die Deutsche Weinstraße ist die älteste Weintouristikroute der Welt – und für die Pfälzer ist sie natürlich auch die schönste. Rund 85 Kilometer ist die Erlebnisstraße lang. Selbstverständlich lässt sie sich bequem mit dem Auto befahren, aber noch schöner und aussichtsreicher ist eine Fahrt im Cabriobus.

Ab dem 1. Mai bis Mitte Oktober fährt der Cabriobus an Samstagen, Sonn- und Feiertagen zu den Highlights der Weinstraße. So kann man zum Beispiel auf der Riesling-Tour von Bad Dürkheim zum Hambacher Schloss und wieder zurück Landschaft und Lebensart erkunden. Aussteigen ist immer möglich, um zu Fuß oder per Rad durch die Weinberge zu ziehen. Die Fahrkarte bleibt den ganzen Tag über gültig, wieder einsteigen kann man an jeder der Haltestellen, die der Cabriobus anfährt. Bei Regen fährt er nicht, doch bei durchschnittlich 1800 Sonnenstunden jährlich in der Pfalz stehen die Chancen auf einen Sonnentag ziemlich gut.

Rosa leuchtende Mandelbäume verwandeln ab Mitte/Ende März die Weinstraße in ein Blütenmeer, das von Ende Februar bis Mitte April in die allabendliche Lichtinszenierung der Burgen, Schlösser und historischen Gebäude aufgenommen wird. Wer in dieser Zeit in der Pfalz ist, der kann diesen atemberaubenden Anblick von der Weinstraße aus in alten Panoramabussen genießen, die auch an kulinarisch interessanten Stellen vorbeikommen.

Weitere Informationen

Prospekt mit Fahrzeiten und Sehenswürdigkeiten entlang der Routen:
Deutsche Weinstraße Mittelhardt
Tel. 06321 3 91 69 21
www.deutsche-weinstrasse.de

Sonderfahrten Mandelblüte:
www.mandelbluete-pfalz.de
Die Cabriofahrten finden bei jedem Wetter statt (entsprechende Kleidung!) und sind auch mit VRN-Tickets nutzbar.

Eine ideale Methode, um sich ganz in Ruhe der Schönheit der Pfalz zu widmen, ist eine bequeme Tour im Cabriobus. Hier der Blick auf die Stadtmauer von Kirchheimbolanden.

Im Land der Winzerhöfe

Rebensaft bestimmt das Leben auch in der südlichen Hälfte der Weinstraße. Ein Besuch in St. Martin, Edenkoben, Maikammer oder Leinsweiler zeigt das auf vergnügliche Weise. Doch war das Leben hier nicht immer friedlich. Davon berichten die Historie der einstigen Festungsstadt Landau wie auch jene der Burgen, die den Rand des Pfälzerwaldes säumen. Keine von ihnen ist so bekannt wie der Trifels oberhalb Annweiler.

Im idyllischen Ort Rhodt unter Rietburg reihen sich die Weingüter.

An der Weinstraße wird Gastlichkeit großgeschrieben: „Goldener Ochse" in Maikammer

Kein Besuch an der Weinstraße ohne zumindest eine Weinprobe

Der Ortsheilige blickt durchs Weinlaub auf sein St. Martin.

Im Gewölbe des Weinguts Schneider im 1587 errichteten Herrenhof St. Martin

Die Südpfalz ist klimatisch schon ein besonders verwöhntes Stückchen Erde. So gesehen, müsste sie fast südlich der Alpen liegen, blühen hier doch bereits im März die Mandelbäume, und noch im Oktober lassen sich letzte Feigen von den Bäumen pflücken. Von der Sonne verwöhnt, verläuft hier zwischen der offenen Rheinebene und dem gegen kalte Westwinde schützenden Pfälzerwald die Weinstraße weiter nach Süden, bis sie schließlich am Weintor von Schweigen-Rechtenbach kurz vor der Grenze zum Elsass endet. Seit Jahrhunderten wird diese Landschaft von der Weinbaukultur bestimmt, die nicht nur die beliebten feucht-fröhlichen Gemeinschaften in den Winzerhöfen hervorgebracht hat, sondern auch das eine oder andere fabelhafte Wesen.

Jagd in dunklen Vollmondnächten

Die Elwetritsch gehört in die Kategorie „enten- oder gänseähnlich und einst durch die Paarung mit Kobolden und Elfen entstanden" – ein realer Mythos, vergleichbar mit dem bayerischen Wolpertinger. Das scheue Tier soll sich gern in Weinbergen herumtreiben, und allein Künstler haben sich von ihm ein Bild machen können – und in Neustadt und Dahn als Brunnenfigur in sichtbare Form gegossen. Die Jagd auf diese Kuriosität

ist den Pfälzern in die Wiege gelegt – doch lassen sie dabei gern und großzügig ihren Gästen den Vortritt. Günstigste Jagdzeit sind dunkle Neumondnächte, in denen die „Fänger" entlegene Weinberge durchforsten müssen, während sich die Pfälzer schon einmal in die nächste Weinstube begeben und warten, dass die Fänger die Geduld verlieren und durchgefroren auch dort eintreffen. Dann gibt es obligatorisch ein üppiges Essen und passende Getränke zum Aufwärmen wie Wein und Obstbrände.

Landau und der Landauer

Was hat der Landauer – gemeint ist die offene Kutsche – mit Landau zu tun? Alles, behaupten die einen, die die Kutsche in direkten Zusammenhang mit dem ehemaligen Festungsstädtchen in der südlichen Pfalz bringen. Nichts, sagen die anderen, die jede Verbindung zwischen Kutsche und der heute größten Weinbaugemeinde in Rheinland-Pfalz bestreiten. Für die Befürworter wurden in Landau Wagen dieses Typs zuerst und

in besonderer Qualität gebaut. Schließlich habe dies schon Goethe angedeutet, denn in seinem Werk „Hermann und Dorothea" fährt der „erste Kaufmann des Ortes im geöffneten Wagen (er war in Landau verfertigt)".

Oder der Name sei entstanden, heißt es, als der spätere Kaiser Joseph I. 1702 nach Landau in der Pfalz fuhr, um den Oberbefehl bei der Belagerung der damals französischen Grenzfestung zu übernehmen. Die Aufsehen erregende Reise, bei der die Strecke von Wien in die Pfalz mit einem Gefolge von über 250 Personen in 77 Kutschen in nur 14 Tagen zurückgelegt wurde, soll den dabei verwendeten Reisewagen neuartigen Typs in der Folgezeit dauerhaft

Was hat der Landauer mit Landau zu tun? Alles oder nichts?

mit dem Namen Landaus verknüpft haben. So sieht es auch das Landauer Kutschen-Kabinett, das einen Nachbau der „Leibchaisse" von König Josef I., die „Landauer Chaisse" genannt wurde, in Originalgröße zeigt.

Landau kann der Namensstreit eigentlich recht egal sein, hat sich doch

Hinter den Torbögen der Winzerhöfe (ganz oben)
öffnen sich verheißungsvolle Welten – wie hier in
Rhodt unter Rietburg (rechts). Oben: Stolz verweist
man auf die vielen Jahrhunderte erfolgreichen
Weinbaus im kleinen, denkmalgeschützten Rhodt.

Villa Ludwigshöhe: In beneidenswert schöner Lage liegt das einstige Sommerschloss des bayerischen Königs über Edenkoben.

Max Slevogt (1868–1932)

Special

Impressionist in der Pfalz

Am südlichen Teil der Weinstraße begegnet man häufig dem wohl bekanntesten Künstler der Pfalz, Max Slevogt. Der berühmte Impressionist verlebte etliche Sommer auf seinem Landgut Neukastel, dem heutigen Slevogthof. Hier, oberhalb vom malerischen Leinsweiler, starb er auch und wurde beerdigt.

Slevogt war ein geselliger und musikalischer Mensch, der in der pfälzischen Heimat seiner Frau „Nini" gern Gäste um sich sah, sie bewirtete und mit Gesangsvorträgen aus seinen Lieblingsopern erfreute. Mit Motiven aus diesen Opern und aus der Literatur malte Slevogt, der selbst gern Sänger geworden wäre, in den 1920er-Jahren sein Musikzimmer aus.

Die teils noch mit Originalmöbeln bestückten Räume sollen künftig öffentlich zugänglich werden. Zahlreiche seiner Werke können in der Max-Slevogt-Galerie in der Villa Ludwigshöhe, einem der interessantesten

„Die Tänzerin Anna Pawlowa", 1909

Kulturziele der Pfalz, bewundert werden. Den Kern der Sammlung bilden Gemälde aus dem Nachlass des in Landshut geborenen Malers, der ab 1901 in Berlin lebte. Die ausgestellten Bilder stammen vor allem aus seinem Frühwerk, wobei sich wichtige Bilder unter ihnen befinden, die Slevogt zeitlebens niemals verkaufen wollte. Auch konnte der Bestand gezielt um Arbeiten aus weiteren Schaffensphasen des Künstlers ergänzt werden.

zwischen den alten Festungsmauern ein beliebter Ort zum Genießen entwickelt – eine durch zahlreiche Studenten junge Stadt mit wunderbar mildem Klima, zahlreichen Weinstuben, Kneipen und Restaurants und einem reichhaltigen kulturellen Angebot. Im Jahr 2014 stand die Stadt zudem ganz im Zeichen der Landesgartenschau.

Das Winzerjahr

Besucher, die außerhalb der Weinlese an der südlichen Weinstraße unterwegs sind, wundern sich häufig, dass in den Weinbergen links und rechts der Weinstraße praktisch immer etwas los ist. Natürlich während der Lese, dem Höhepunkt des Weinjahres, im Spätsommer bis in den Herbst hinein, wimmelt und wuselt es nur so zwischen den Rebstöcken. Und ist es ein guter Jahrgang, der sich für Trockenbeerenauslesen und Eisweine eignet, kann sich die Traubenernte bis zum Jahresende hinziehen.

Im Winter dann müssen sich die Winzer warm anziehen, denn auch in der kalten Jahreszeit heißt es für sie, zwischen den Weinstöcken zu stehen. In der vegetationsfreien Zeit zwischen Januar und März werden die Reben zurückgeschnitten, eine Arbeit, die für die Qualität und Quantität des nächsten Weines mitentscheidend ist: Weniger Trauben

Schon manche Prominenz hat sich bei einer Küchenparty der renommierten „Krone" in Hayna (unten) vor dem Kochtopf gedrängt. Zur Sommerzeit ist rund um Herxheim die hübsche Tabakblüte (rechts) zu entdecken. Zur Weinstraße gehört auch Herxheimer Tabak (rechte Seite oben). Rechte Seite unten: Großzügig angelegt wurde der Innenhof des Frank-Loeb'schen Hauses in Landau.

sind gleichbedeutend mit einer höheren Qualität. Außerdem wird der Weinberg entholzt, werden die alten Fruchtruten entfernt.

Bodenpflege, Hagelschutz und das Anlegen neuer Weinberge sind die typischen Arbeiten im April und Mai, und bis zur Lese begleitet den Winzer dabei der immerwährende Kampf gegen „Schädlinge", überwiegend Pflanzenfresser, die durch ihren Appetit den Ertrag stark reduzieren können. Zunehmend werden auf die Schädlinge im Weinberg bewusst „Nützlinge" wie Raubmilben, Marienkäfer, Schlupfwespen und auch Ohrenkneifer angesetzt.

Im Mai beginnt auch der Austrieb. Die Triebe wachsen zu dieser Zeit rasant und müssen aufgebunden werden – entweder mit Weidenruten an einem Drahtrahmen festgebunden oder in den Rahmen hineingesteckt. Das Aufbinden soll das Abbrechen der Triebe verhindern und die Schattenbildung minimieren. Zwei- bis dreimal werden sie im Sommer zudem eingekürzt. Meist im August, nach der Färbung der Beeren, manchmal aber auch früher, findet der Sommerschnitt statt. Dieses Verfahren – auch Ausdünnen genannt – soll durch Ertragsreduzierung die Qualität steigern. Dann naht bereits die Lese. Und steht der Winzer einmal nicht im Weinberg, ist er garantiert im Keller zu finden. Denn dort wartet genauso viel Arbeit auf ihn wie zwischen den Reben.

Besuch auf der Kaiserburg

Oberhalb von Annweiler thront auf dem höchsten dreier kegelförmiger Burgberge, dem Sonnenberg, die Burg Trifels, eines der beliebtesten Ausflugsziele. Der Sonnenberg ist ein dreifach gespaltener Felsen, 494 Meter über Meereshöhe, 145 Meter lang, 40 Meter breit und 50 Meter hoch. Von ihm leitet sich der Name „Trifels", dreifacher Felsen, ab.

Im Gegensatz zu vielen anderen Burgen in der Pfalz war Trifels nicht nur ein einfacher Rittersitz, sondern eine Kaiserburg und der Lieblingsplatz von

Von der Kleinen Kalmit hat man einen weiten Blick über das sich im Herbst
herrlich bunt färbende Weinland der Pfalz.

Nach dem winterlichen Rückschnitt beginnen die Reben im April auszutreiben. Aus der Weinblüte im Mai und Juni werden dann kleine Trauben – wenn das Wetter mitspielt.

Wein und alles, was dazugehört, bestimmen seit jeher das wirtschaftliche Leben an der Weinstraße.

Zu den Machtinsignien der Kaiser gehörten Reichsapfel und Kaiserkrone – als Nachbildungen auf dem Trifels zu sehen (oben und ganz oben). Rechts: Blick vom Bergfried des Trifels

Kaiser Barbarossa obendrein. Bereits im Jahr 1081 wurde die Befestigung erstmals urkundlich erwähnt, doch erst unter den Staufern erlebte sie ihre Blütezeit, ausgebaut zur stattlichen Reichsburg. Trifels wurde Schatzkammer des Reichs und Aufbewahrungsort der Reichskleinodien – Kaiserkrone, Reichsapfel, Reichskreuz und Schwert –, den Herrschaftssymbolen der Kaiser und Könige des Heiligen Römischen Reiches Deutscher Nation. Heute zeigt das hiesige Museum Nachbildungen dieses Reichsschatzes, denn die Originale liegen in der Schatzkammer der Wiener Hofburg.

Richard Löwenherz auf der Kaiserburg

Bis die Kaiserburg mit dem Ende der Stauferdynastie im 13. Jahrhundert an Bedeutung verlor, diente sie auch als Staatsgefängnis. Wohl bekanntester Insasse war der englische König Richard Löwenherz, der hier in den Jahren 1193 bis 1194 inhaftiert war, bis für ihn ein horrendes Lösegeld bezahlt wurde. Im Jahr 1602 schlug ein Blitz ein, und 1635 brach die Pest aus – danach wurde die Burg, inzwischen bedeutungslos geworden, als Steinbruch genutzt.

Erst im 19. Jahrhundert geriet Trifels als nationale Identifikationsstätte erneut ins Blickfeld. Pläne zum Wiederaufbau wurden geschmiedet, doch erst in der an nationalen Mythen stark interessierten nationalsozialistischen Zeit kam es zu ernsthaften Rekonstruktionsarbeiten, die mangels brauchbarer Unterlagen eher eine Neuschöpfung waren und sich bis in die 1970er-Jahre hinzogen.

Neben der Kaiserburg gibt es noch zwei weitere Burgen bei Annweiler: Anebos in der Mitte und Scharfenberg im Süden. Die Burgruine Scharfenberg, „Münz" genannt, befindet sich auf dem südlichsten der drei Berggipfel. Erhalten sind noch der etwa 20 Meter hohe Bergfried und einige Teile der ehemaligen Ringmauer. Ansonsten ist Scharfenberg seit dem Bauernkrieg eine frei zugängliche Ruine.

INTERVIEW

Wein als Lebenselixier

*Der Winzer Florian Hollerith ist immer auf der Suche nach
neuen Wegen – beim Wein, aber auch in der Gestaltung seiner
Flaschenetiketten, oftmals selbst kleine Kunstwerke.*

Wir trafen uns mit Florian Hollerith in seiner Weinscheune mitten im Weindorf Maikammer. Das Weingut selbst läge etwas außerhalb, sagt Hollerith, und wäre äußerlich nichts Besonderes, eher eine Art Eigenheim in den Weinbergen. In der Weinscheune stapeln sich die Kisten mit unterschiedlichsten Weinen. Landwirtschaftliche Geräte und alte Weinfässer schaffen eine arbeitsame Atmosphäre. Von hier gehen die Weine an Handel, Gastronomie und an Endkunden. Es ist Anfang Dezember und kalt in der Weinscheune. Ein Propangasbrenner sorgt für ein wenig Wärme. Wir sitzen rustikal um ein altes Fass und verkosten während unseres Gesprächs ein paar der hervorragenden Hollerith-Weine.

Sie haben das Weingut von Ihrem Vater Peter übernommen?
Hollerith: Wir machen das gemeinsam. Ich bin da nach und nach reingewachsen und habe immer mehr Verantwortung, vor allem im Keller und für die Charakteristik unserer Weine, übernommen. Aber mein Va-

ter ist immer noch voll dabei, etwa im Weinberg. Er hat übrigens Anfang der 1980er-Jahre die ersten 2000 bis 3000 Flaschen eigenen Wein abgefüllt. Mein Großvater hatte seine Trauben noch abgeliefert.

Sie produzieren ein breites Spektrum unterschiedlicher Weine vom Riesling über Spätburgunder bis zum Gewürztraminer, sind aber doch durch eher ungewöhnliche Tropfen bekannt geworden.
Sie denken dabei sicherlich an den „no limit" [eine im Barrique-Fass ausgebaute Rotwein-Cuvée aus Cabernet Sauvignon, Merlot und Spätburgunder] oder unseren „Prima Luce" [Merlot/Cabernet]. Vor allem der „no limit" verkörpert unsere Philosophie. Wir versuchen unsere Vision von Freiheit, Ungebundenheit, das Wilde und Unkonventionelle in die Flasche zu bringen. Aber auch das Neue und Innovative steht für „no limit". Das ist ein Wein, der sich immer wieder neu erfinden darf von Jahrgang zu Jahrgang, sozusagen grenzenlos, praktisch „no limit".

Ist das auch ein wenig typisch für die Pfalz und den Pfälzer Wein?
Ich glaube schon. Die Pfälzer trauen sich immer was.

Und wie macht man einen großen Wein?
Die Grundweine müssen stimmen, dann zieht man Proben, probiert,

Oben und linke Seite:
Florian Hollerith im Weinberg

Riesling, Spätburgunder, Gewürztraminer und andere Weine werden in der Pfalz erzeugt.

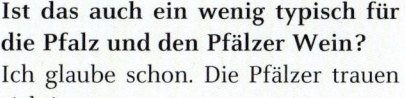

„Wenn ich nicht Winzer geworden wäre, hätte ich sicherlich was mit Grafik oder Kunst gemacht. "

Bei Hollerith ist nicht nur der Flascheninhalt wichtig, auch das Etikett muss stimmen.

Empfehlungen von Florian Hollerith

Auslaufen Der Pfälzerwald ist ideal zum Wandern und Mountainbiken. Und zu einer der urigen Pfälzerwaldhütten ist es nie weit. Ein sehr schöner Weg führt von Maikammer zur „Totenkopfhütte". Dort wartet am Ende eine einfache Vesper und ein süffiger Pfälzer Schoppen. Auch die „Hellerhütte" etwas weiter nördlich und die „Hohe-Loog-Hütte" oberhalb von Neustadt lohnen den Besuch.

Ausblicken Ich liebe den Blick von oben auf unsere Weinstraße. Besonders beeindruckt mich immer wieder der weite Ausblick von der Villa Ludwigshöhe, aber auch vom Trifels lockt eine tolle Aussicht.

Angucken An der deutschen Geschichte führt in der Pfalz kein Weg vorbei. Der Dom in Speyer beeindruckt auch Nicht-Geschichtsinteressierte. Das Hambacher Schloss ist Symbol unserer Demokratie und ein absolut besuchenswertes Ziel.

Aufessen Nicht nur als Winzer genießt man zu einem guten Wein gerne ein ebenso gutes Essen. Herausragend ist seit Jahren die sternegekrönte Küche in der „Krone" in Hayna, wo man auch sehr schön übernachten kann. Eher pfälzisch-rustikal, aber mit viel Atmosphäre, wird im „Turmstübl" in Deidesheim aufgetischt.

Austrinken Weinchen trinken mit kleinen Gerichten dazu ist eines der größten Vergnügen in der Pfalz. Eine angesagte Weinbar modernen Stils, mit einer Top-Weinauswahl, ist das „Mundus Vini" in Neustadt, wo man im Sommer auch toll draußen sitzt. Die urig-gesellige Alternative in Neustadt ist der „Musikantenbuckel", eine recht neue, gute Adresse für Weinfreunde in Deidesheim das „KraBull".

mischt, probiert wieder, mischt neu und probiert, stellt verschiedene Varianten gegenüber, bis man sagt: „Wow, das ist es."

Was probiert man zur Zeit in „Pfälzer Jungwinzerkreisen", und wohin geht der Trend?
Der Sauvignon Blanc ist in jedem Fall im Kommen. Und wir haben auch begonnen, Shiraz anzubauen. Aber unser Ziel ist es, irgendwann den „Hammer-Rotwein" zu machen, keine Kompromisse, und das wird interessanter, je älter die Reben werden.

Mit Designpreisen gekrönt sind auch Ihre Etiketten.
Die Etiketten für unsere Top-Weine entwerfe ich selbst. Malen ist meine zweite große Leidenschaft, und wenn ich nicht Winzer geworden wäre, hätte ich sicherlich was mit Grafik oder Kunst gemacht. Ich verbinde das aber auch gerne und male großformatige Arbeiten zuhause, direkt im Weinberg oder live bei einer Weinverkostung, und ich stelle auch gelegentlich aus.

Kontakt:
Weingut Hollerith
Gartenstr. 17
67485 Maikammer
Tel. 06323 61 68
www.weingut-hollerith.de

Mit südlichem Flair

Zwischen Maikammer, Landau und Bad Bergzabern erstreckt sich der südliche Teil der Weinstraße, die sich an die Hänge der Haardt, den Übergang zum Pfälzerwald, schmiegt. Auch hier reihen sich die Weinorte, und im Innern der dortigen Winzerhöfe herrscht entspanntes Flair. Über allem wacht seit Jahrhunderten die Kaiserburg auf dem Trifels.

❶ Maikammer

Die Weinbaugemeinde (8000 Einw.) und ihre Wein-Dependancen St. Martin und Kirrweiler sind mit ihren schmalen Gassen, verträumten Winkeln, typischen Fachwerkhäusern und südlichem Flair drei der schönsten Dörfer an der Weinstraße. Außer Wein wachsen hier Kiwis, Zitronen, Mandeln und Esskastanien.

Tipp

Essig als Aperitif

Auf dem „Doktorenhof" gibt es feinste Tröpfchen, die nicht nur zum Würzen erlesener Speisen gedacht sind. So mancher der edlen Essige von Georg Wiedemann ist absolut als Aperitif oder Digestif geeignet – wovon man sich bei einer Essigprobe überzeugen kann. Bei der Besichtigung der Essigstube, wo Essige in hundert Jahre alten Holzfässern lagern, erfährt man viel über 6000 Jahre Essig-Geschichte, seinen vielseitigen Geschmack und die ihm nachgesagten Heilwirkungen.

WEINESSIGGUT DOKTORENHOF
Raiffeisenstr. 5,
67482 Venningen (östl. Edenkoben)
Tel. 06323 55 05
www.doktorenhof.de
Mo.–Fr. 8.00–16.00, Mi. bis
18.00, Sa. 9.00–14.00 Uhr

SEHENSWERT

Viele **Fachwerk-Winzerhäuser** schmücken das Ortsbild ebenso wie die **Rokoko-Pfarrkirche St. Cosmas und Damian** (1757). Besuchenswert ist auch der mediterrane Garten auf der Südseite des Rathauses mit über 150 Pflanzenarten aus den verschiedensten Mittelmeer-Regionen.
Die **Alsterweiler Kapelle** im gleichnamigen Ortsteil besitzt den „Maikammerer Altar" (1445) und ein spätgotisches Triptychon; das Altarbild zählt zu den wenigen erhaltenen Beispielen gotischer Tafelmalerei in der Pfalz. Den Brüdern Ulrich, im Jahr 1851 Erfinder des Meterstabs, wurde ein Denkmal in Form eines überdimensionierten Zollstocks gewidmet. Zuerst inmitten der Weinberge platziert, schmückt die Plastik inzwischen den am südlichen Ortseingang von Maikammer neu geschaffenen Kreisel an der Deutschen Weinstraße.

VERANSTALTUNGEN

Zum **Maikammerer Weinerlebnis** (März) gehören kulinarische Köstlichkeiten aus aller Welt. Von den diversen Weinfesten in den Ortsteilen ist das **Martinusweinfest** (Nov.) um den Martinstag in St. Martin traditionsreichstes und beschließt die Pfälzer Weinfestsaison.

UMGEBUNG

In **St. Martin** gibt es den sehenswerten Bibelgarten um die Pfarrkirche (Edenkobener Straße), zurzeit größte Freilandpflanzung von in der Bibel erwähnten Gewächsen im mitteleuropäischen Raum. Bei Führungen kann ein ehem. Nato-Bunker besichtigt werden.
In **Kirrweiler** sind Reste des ehem. bischöflichen Schlosses zu sehen sowie der Kräutergarten am Pfarrhaus (Kirchstr. 13), ein Kleinod. Etwas unterhalb des Gipfels der **Kalmit** (673 m), die höchste Erhebung der Pfalz, befindet sich das Felsenmeer; dort liegen große Bruchstücke von Buntsandstein an der Oberfläche.

INFORMATION

Büro für Tourismus in Maikammer
Johannes-Damm-Str. 11
67487 Maikammer
Tel. 06321 95 27 68
www.maikammer-erlebnisland.de

Alsterweiler Kapelle bei Maikammer

❷ Edenkoben

Auch dieser Luftkurort (7000 Einw.) lebt vom Weinbau und liegt inmitten eines Rebenmeeres. Die Owwergässer Winzerkerwe ist eines der ältesten Weinfeste Deutschlands. Aus Edenkoben stammt der Amerika-Auswanderer Johann Adam Hartmann, Vorbild für James Fenimore Coopers Romanfigur Lederstrumpf.

SEHENSWERT

Lohnend ist ein Bummel durch die romantischen „Pädle", den historischen **Stadtkern** mit Ludwigsplatz und Lederstrumpfbrunnen (1990) am Goldenen Eck, Unnergass sowie zahlreichen Winzerhäusern.

MUSEEN

Auch Edenkoben hat ein **Museum für Weinbau und Stadtgeschichte** (Weinstr. 107, Tel. 06323 8 15 14, www.museum-edenkoben. de; April–Dez. Mi. 10.00–12.00, Fr. 15.00–18.00, Sa., So. 14.00–17.00 Uhr).
Im ehemaligen Sommerschloss des bayerischen Königs Ludwig I., der klassizistischen **Villa Ludwigshöhe** TOPZIEL (1845–1852), sind die Max-Slevogt-Galerie sowie Wechselausstellungen zu besuchen (Villastr. 65, Tel. 06323 930 16, www.max-slevogt-galerie. de; April–Sept. Di.–So. 9.00 bis 18.00, sonst bis 17.00 Uhr, Dez. geschl. und am 1. Werktag der Woche).

Durch Annweilers Altstadtidylle strömt das Flüsschen Queich.

VERANSTALTUNGEN

Juni: **Owwergässer Winzerkerwe** mit Mittelalterlichem Markt, Sept.: **Weinfest der Südlichen Weinstraße**.

UMGEBUNG

Vom **Friedensdenkmal** auf dem Werderberg bietet sich ein Panoramablick über die Rheinebene. Eindrucksvoll ist die Aussicht von der Ruine der 800-jährigen **Rietburg**, einem ehem. Raubrittersitz, zu der eine Sesselbahn hinauffährt (Rietburgbahn, Tel. 06323 18 00; April bis Okt.). Weitgehend unter Denkmalschutz steht **Rhodt unter Rietburg** (südl.) mit Winzerhäusern samt Höfen hinter den Torbögen. In **Edesheim** machte sich das **Weingut Werner Anselmann** als Winzer des Jahres 2010 einen Namen (www.weingut-anselmann.de). Gediegen und ruhig nächtigt man im **Schlosshotel Edesheim**, das von einem 5 ha großen Park mit Weinbergen und Wasseranlagen umgeben ist. Ebenfalls sehr empfehlenswert: das zum Hotel gehörige Gourmetrestaurant (Luitpoldstr. 9, www.schloss-edesheim.de, Tel. 06323 9 42 40).

INFORMATION

Verein Südliche Weinstraße
Edenkoben, Büro für Tourismus
Poststr. 23, 67480 Edenkoben
Tel. 06323 95 92 22, www.edenkoben.de

Tipp

Nur der König fehlt

....

Aus einer besonderen Perspektive erleben Besucher die Innenräume des Schlosses Villa Ludwigshöhe im Rahmen des Stationentheaters „Der kunstsinnige König". Zudem finden monatlich Konzerte der Villa Musica statt, und das Ende Aug. stattfindende Schlossfest in Gedenken des Geburtstags von Bayernkönig Ludwig I. ist ein kultureller Höhepunkt der Region.

INFORMATION

beim Verein Südliche
Weinstraße Edenkoben (s.o.)

3 Landau

Die 43 000-Einw.-Stadt, seit 1990 Universitätsstadt, ist eine der größten Weinbau treibenden Gemeinden Deutschlands – sechs der acht Stadtteile sind alte Winzerdörfer. 2014 richtete Landau die Landesgartenschau aus.

SEHENSWERT

Im Inneren der um 1700 vom Festungsbaumeister Vauban angelegten **Festung** wurde in den 1960er-Jahre die spätere Universität erbaut; es blieben das Deutsche und das Französische Tor. Die Rote Kaserne, letzter erhaltener Kasernenbau der Festungszeit (1756/1759; Waffenstr. 5), ist das Geburtshaus von Thomas Nast, dem „Vater der amerikanischen Cartoons". Die Altstadt schmückt sich am Rathausplatz mit einem Reiterstandbild des Prinzregenten Luitpold von Bayern (1892) und dem klassizistischen **Rathaus** (1827; Marktstr. 50), dem **Alten Kaufhaus** (Urspr. 15. Jh; Rathausplatz 9), heute Kulturzentrum, und der **Katharinenkapelle** von 1344, die auch als Gefängnis, Weinkeller und Getreidemagazin genutzt wurde und in der Fresken aus der Erbauungszeit freigelegt wurden. Eines der bedeutenden südwestdeutschen Jugendstil-Theater ist die **Festhalle** (1905/1907; Mahlastr. 3).

MUSEEN

Das historische **Stadtmuseum** und das **Stadtarchiv** präsentieren ihre Schätze, u.a. ein Modell der Stadt Landau von 1700, im ehemaligen Bahnpost-Gebäude (Maximilianstr. 7, Tel. 06341 13 42 01, derzeit wegen Neugestaltung geschlossen). Das **Frank-Loebsche Haus** (15. und 17. Jh.) mit schönen Holzgalerien im Innenhof ist das Geburtshaus des Großvaters von Anne Frank. Es wird als Begegnungsstätte, Museum – u. a. Dauerausstellung zur Geschichte der einst großen jüdischen Gemeinde in Landau –, für Lesungen, Vorträge und Konzerte genutzt (Kaufhausgasse 9, Tel. 06341 864 72; Di.–Do. 10.00–12.00, 14.00 bis 17.00, Fr.–So. 11.00–13.00 Uhr). Zeitgenössische Kunst zeigt die **Städtische Galerie Villa Streccius**, eine Villa von 1892 (Südring 20, Tel. 06341 89 84 72; www.villa-streccius.de, Di., Mi. 17.00–20.00, Do.–So. 14.00–17.00 Uhr). Bürgerliche Wohnkultur und Wechselausstel-

lungen präsentiert das **Strieffler-Haus**, in dem einst der Pfälzer Wein-Maler Heinrich Strieffler (1872–1949) gelebt hat (Löhlstr. 3, Tel. 06341 862 04; Fr.–So. 14.00–17.00 Uhr).

AKTIVITÄTEN

Von Mitte Juni bis Mitte Aug. wird der Goethepark bei guter Witterung an zehn Sonntagen vorm. zum Austragungsort der **Goethepark-Plaudereien**: Konzerte und Lesungen – das Zuhören ist umsonst. Neben den historischen Festungsanlagen leben im ersten **Zoo** der Pfalz rund 600 Tiere aus über 120 Arten (Tel. 06341 13 70 10; April–Sept. 9.00–18.00, März, Okt. 9.00–17.00, Nov.–Feb. 10.00–16.00 Uhr).

VERANSTALTUNG

Landau hält in der Vorweihnachtszeit einen der schönsten **Weihnachtsmärkte** der Pfalz ab.

UMGEBUNG

Im malerischen Birnbachtal liegt das Winzer- und Erholungsdorf **Leinsweiler** (westl.). Über dem Dorf und seinen Weinbergen thront der **Slevogthof**, einst Refugium des bekannten Impressionisten (1868–1932), das derzeit leider geschlossen ist. Inmitten der Rheinebene liegen von Weinbergen und Tabakfeldern umgeben **Herxheim** und **Hayna**. Herxheims Museum ist der Jungsteinzeit gewidmet (www. museum-herxheim.de, Do., Fr. 14.00–19.00, Sa., So. 11.00–18.00 Uhr). Rund 5 km weiter östlich weiß man sich in **Rülzheim** als attraktive „Fitness- und Wohlfühlregion" zu profilieren. Neu ist dort der Premiumwanderweg „Treidlerweg" (www.suedpfalz-tourismus.de).

INFORMATION

Büro für Tourismus
Marktstr. 50
76829 Landau in der Pfalz
Tel. 06341 13 83 01
www.landau-tourismus.de

4 Annweiler

Die Kleinstadt (7000 Einw.) und das Trifelsland werden vom Pfälzerwald im Westen und der Weinstraße im Osten geprägt.

SEHENSWERT

Im **Stadtkern** stehen noch Fachwerkhäuser und Mühlräder am Flüsschen Queich; das Gerberviertel erinnert an das von hugenottischen Glaubensflüchtlingen hierher gebrachte Gewerbe. Bekannt sind die Fresken Adolf Kesslers (1890–1974) zur Stadtgeschichte im Ratssaal des **Rathauses** (1952; Hauptstr. 20).

MUSEUM

Die **Burg Trifels** TOPZIEL (Urspr. um 1080) gehört zu den großen Sehenswürdigkeiten der Pfalz (April–Sept. tgl. 9.00–18.00, sonst tgl. 9.00–17.00 Uhr, im Dez. geschl.). Das **Museum unterm Trifels** informiert in einer ehemaligen Wassermühle über die Geschichte der Burg (Schipkapass 4, Tel. 06346 16 82; Mitte März bis Okt. Di.–So. 10.00–17.00, sonst Sa., So. 13.00 bis 17.00 Uhr).

INFORMATION

Verein Südliche Weinstraße
Annweiler am Trifels, Büro für Tourismus
Messplatz 1, 76855 Annweiler am Trifels
Tel. 06346 22 00
www.trifelsland.de

⑤ Bad Bergzabern

Das Kneipp- und Thermalheilbad (8000 Einw.) liegt ansprechend zwischen Pfälzerwald und Weinbergen. Schon 1286 erhielt der lange kurpfälzische Ort Stadtrecht.

SEHENSWERT

Die verwinkelte **Altstadt** ist ein hübsches Pflaster, Wahrzeichen des Ortes das **Schloss** der Herzöge von Pfalz-Zweibrücken; 1527 bis 1532 an der Stelle einer Wasserburg erbaut, erlebte es zwei Brände und einen Wiederaufbau (heute Gemeindeverwaltung).

MUSEEN

Das **Stadtmuseum** informiert über die Ortsgeschichte (Königstr. 45; April–Dez. Di.–Fr. 16.00–18.00, Sa., So. 14.00–18.00 Uhr). Weltgeschichte im Miniaturformat präsentiert das **Zinnfigurenmuseum** (Marktstr. 14, in der Buchhandlung Wilms, Mo.–Fr. 9.00–12.30, 14.00 bis 18.30, Sa. 9.00–13.00 Uhr).

AKTIVITÄTEN

Anregend und entspannend zugleich ist ein Besuch der **Südpfalz Therme** (Kurtalstr. 27, Tel. 06343 93 40 10, www.suedpfalz-therme. de; So.–Do. 9.00–22.00, Fr., Sa. bis 23.00 Uhr). Zu Spaziergängen lädt der **Kurpark** zwischen Wonneberg und Liebfrauenberg ein. Am östl. Parkeingang beginnt der 5,5 km lange **Kneipp-Lehrpfad** mit fünf Stationen (ca. 1,5 bis 2 Std.).

INFORMATION

Tourismusverein Südliche Weinstraße
Kurtalstr. 27
76887 Bad Bergzabern
Tel. 06343 98 96 60
www.bad-bergzaberner-land.de

DuMont
Aktiv

Wo die Wölfe heulen

Morgens um 11.00 Uhr beginnt im Wild- und Wanderpark bei Silz der Kampf um die Beute. 14 Wölfe packen große Fleischbrocken und schlingen sie hinunter. Später spucken sie diese an einem sicheren Ort wieder aus und kauen in aller Ruhe. Fasziniert beobachten die Besucher vom Aussichtsturm die Fütterung der scheuen Raubtiere.

Rund 400 Tiere 15 verschiedener Arten leben auf dem circa 100 Hektar großen Gelände bei Silz im Pfälzerwald. Sie bekommen jährlich Besuch von rund 100 000 Menschen, die in dem Park je nach Jahreszeit ihre Entdeckungen machen. Die Fütterung der Wölfe ist nur zwischen April und Oktober zu beobachten. Während der kalten Monate zeigen sich die meisten Tiere in ihrem prächtigen Winterpelz. Im zeitigen Frühjahr werfen die Wildsauen ihre kleinen Ferkel, Hirsche stoßen ihre Geweihe ab. Rechtzeitig zur Brunftzeit, um den ersten Vollmond des Herbstes herum, ist der Kopfschmuck wieder zu imposanter Größe herangewachsen und spielt im Kampf um die Weibchen eine wichtige Rolle.

Durch den Wildpark an der Südlichen Weinstraße führt ein etwa acht Kilometer langer Wanderweg, vorbei an Mufflons, Rot- und Dammwild, Steinmardern, Uhus, Pferden, Wisenten, Frettchen und anderen Tieren. Aus kleinen Schutzhütten heraus kann man diese hautnah erleben.

Auf einen Blick

Öffnungszeiten des Wild- und Wanderparks Südliche Weinstraße bei Silz: täglich vom 15. März bis 15. November ab 9.00, sonst ab 10.00 Uhr
Fütterung der Wölfe:
April bis Oktober um 11.00 Uhr

Für den Besuch sollte man etwa zwei Stunden Zeit einplanen. Hunde dürfen nicht in den Park. Für sie gibt es Boxen am Eingang.
Wildpark Silz, 76857 Silz, Hauptstraße
Tel. 06346 55 88, www.wildpark-silz.de

Schutzhütten ermöglichen es im Wildpark Silz, Hirsche, Damwild und andere Wildtiere zu beobachten. Stars des Parks sind die Wölfe, die täglich um 11.00 Uhr gefüttert werden.

Zwischen Hügeln und Tälern

Schon Kelten und Römer siedelten hier und gruben nach edlen Metallen. Heute tummeln sich Freizeitsportler in den Höhen, genießen die weiten Panoramen über Nordpfalz und Rheinhessen. Sie besuchen die „kleine Residenz" Kirchheimbolanden oder das Kuseler Musikantenland und machen Urlaub auf dem Bauernhof.

Die um das Jahr 1200 erbaute Burg Lichtenberg ist die größte Burgruine Deutschlands.

Fischgerichte sind die Spezialität im
Landgasthof „Forelle" im Eistal.

Auf dem Donnersberg errichteten die Kelten in der Latènezeit ein Oppidum, das zu den größten nördlich
der Alpen zählt. Im Keltendorf Steinbach wird Geschichte – kostümiert – lebendig.

Der Eistal-Viadukt ist die höchste und längste Eisenbahnbrücke
der Pfalz – davor der Landgasthof „Forelle"

Auf dem Donnersberg, dem Berg des Wettergottes Donar bei den Germanen, steht der Besucher auf dem höchsten Punkt der Pfalz – 687 Meter über Normalhöhennull. Häufig ist das durch ein Hochplateau und mehrere Einzelgipfel gekennzeichnete und bewaldete Donnersbergmassiv wolkenverhangen, braut sich hier so manches Wetter zusammen. So könnte sich der Name leicht erklären. Wenn es aber aufklart und der Wanderer den mit etwas Phantasie wie ein Thron aussehenden Felsen des Königstuhls, der Spitze des Donnersberges, erklommen hat, so liegt ihm das Pfälzer Bergland zu Füßen. Diese Aussicht wird nur noch durch den Blick vom nahe gelegenen 27 Meter hohen, 1865 erbauten Ludwigsturm übertroffen. Bei bester Fernsicht lässt sich von hier oben sogar die 75 Kilometer entfernte Hochhaus-Skyline von Frankfurt am Main erkennen. Nicht weit entfernt bauten die Amerikaner nach dem Zweiten Weltkrieg mitten im Wald die größte Radaranlage Westeuropas, die heute wie ein überflüssiges Relikt aus dem Kalten Krieg wirkt.

Die Kelten am Donnersberg

Die ersten Bauherren auf dem Bergmassiv zwischen Rockenhausen und Kirchheimbolanden aber waren die Kelten.

Sie errichteten vor 2200 Jahren eine mächtige Ringwallanlage mit einer bis zu vier Meter hohen und achteinhalb Kilometer langen Mauer auf dem Plateau, von der heute noch ein restauriertes Teilstück steht. Die Wälle umgaben einst eine Stadtanlage, die zu den größten frühstädtischen Siedlungsflächen Mitteleuropas zählt. Der Keltenweg führt an verschiedenen Ausgrabungsstätten vorbei.

Ganz in der Nähe wurde in Steinbach ein Keltendorf rekonstruiert – ein Einblick in das Leben dieses Volkes, das etwa bis ins 5. Jahrhundert nach Christus die Region bestimmte. Das Keltendorf ist eher ein Erlebnis- denn ein klas-

sisches Museum. So kann man die keltische Bau- und Handwerkskultur erleben. Und bei den Angeboten können nicht nur Kinder Kreativität und Geschicklichkeit erproben. Noch mehr Keltentum erschließt der Triskel-Weg, der weiter zum Keltengarten führt. Ein Rundweg, denn schließlich ist das keltische Triskel ein mythologisches Symbol in Form von

drei im Dreieck angeordneten Spiralen. Der Spaziergang durch den Keltengarten gibt Einblicke in die Lebenswelt und das Naturverständnis dieses immer noch rätselhaften Volkes. Im Übrigen lassen sich die Kelten unten und die Kelten oben wunderbar miteinander verbinden – ein 14 Kilometer langer Rundwanderweg führt von Steinbach zum Königstuhl und zurück.

Am und im Berg

Apropos wandern – in der „Bergbauerlebniswelt" Imsbach folgt man auf drei Bergbau-Rundwanderwegen zum Thema Kupfer und Eisen den Spuren des Bergbaus, der bis in römische und keltische

Hier steht man auf dem höchsten Punkt der Pfalz.

Zeiten zurückreicht. Rund 60 Mineralienvorkommen – darunter Eisen, Kupfer, Mangan, Kobalt und sogar Silber – sind am Donnersberg nachgewiesen. Abgebaut wurden sie bis in die 1920er-Jahre – wie, das zeigen das Imsbacher Museum und gleich drei Besucherbergwerke. Wer sich – zur eigenen Sicherheit heute mit Selbstverständlichkeit behelmt – in

Durch den Roten Turm gelangt man …

Ursprünglich gab es nur Kirchheim, Bolanden kam erst im 19. Jahrhundert durch eine Verwaltungsreform hinzu.

Vom barocken Schloss Kirchheimbolandens blieb der Ostflügel.

... in die Altstadt Kirchheimbolandens.

Zeitmesser im XXL-Format stellt das Pfälzische Turmuhrenmuseum von Rockenhausen aus.

die engen Stollen des einstigen Kupfer-Silber-Kobalt-Bergwerks „Weiße Grube" begibt, bekommt eine ungefähre Vorstellung von den widrigen und harten Arbeitsbedingungen unter Tage, vor denen auch Kinder nicht bewahrt blieben. Das Massiv mit seiner waldreichen Natur ist jedoch nicht nur bei Wanderern beliebt. Radler kämpfen sich beispielsweise über Ruppertsecken, dem höchstgelegenen Dorf der Pfalz, den zum Teil steilen Donnersberg hinauf. Drachen- und Gleitschirmfliegern dient das Hochplateau als Startplatz für aussichtsreiche Flüge. Eher geruhsam und mit Weitblick geht es bei einer Heißluftballonfahrt über die Landschaft zu.

Raus mit der Sau

„Kibo" nennen die Kirchheimbolandener liebevoll ihr Städtchen oder auch „kleine Residenz" – entstand doch Mitte des 18. Jahrhunderts hier die Sommerresidenz der Fürsten Nassau-Weilburg. Dennoch sind sie nicht als „Kibos", sondern als „Kerchemer" bekannt. Denn ursprünglich gab es nur Kirchheim, Bolanden kam erst im 19. Jahrhundert durch eine Verwaltungsreform hinzu. Ihr Wildschwein im Stadtwappen, so wird kolportiert, tragen die „Kerchemer", weil sie so gern „die Sau rauslassen". Zumindest einige Male im Jahr und ganz besonders im August beim „Residenzfest". Dann brodelt es in den barocken, zu lauschigen Weinschenken umfunktionierten Innenhöfen der mittelalterlichen Altstadt gewaltig. Der halbe Wein ist hier noch ein echter Halber, und dazu gibt es Deftigkeiten vom Saumagen bis zum Wildschweingulasch. Das Kontrastprogramm bietet alle zwei Jahre die Kerchemer Bierwoche.

Spiel mir ein Lied

Gewandert wird im nördlichen Pfälzer Bergland nicht nur am Donnersberg. Gewandert wurde schon immer im nördlich davon gelegenen Landkreis Kusel – wenn auch eher ausgewandert. Bittere Armut trieb sie fort, die Pfälzer, Ende

Wälder und Weiden prägen die Landschaft in der Nordpfalz.

Lichtenberg bietet neben seinen Museen
noch jede Menge alte Burgenarchitektur.

Zu den Publikumslieblingen des Wildparks Potzberg gehört auch ein Weißkopfseeadler, der Wappenvogel der Vereinigten Staaten von Amerika.

Damals schlug die Stunde der Musikanten, die aus dem abgelegenen Kreis Kusel in alle Welt aufbrachen, um mit dem erspielten Geld ihre Familien in der Heimat zu unterstützen.

des 19. Jahrhunderts. Gut dran war, wer ein Instrument spielen konnte. Damals schlug die Stunde der Musikanten, die aus dem abgelegenen Kreis Kusel in alle Welt aufbrachen, um mit dem erspielten Geld ihre Familien in der Heimat zu unterstützen. Einige machten richtig Karriere. Hubert Kilian aus Eßweiler brachte es bis zum kaiserlich-chinesischen Hofkapellmeister. Georg Drumm aus Erdesbach war in den 1930er-Jahren beliebter Bandleader in den Vereinigten Staaten. Sein Zeremonienmarsch des Weißen Hauses, „Hail America", ist praktisch die persönliche Hymne des US-Präsidenten. Und Heinrich Jacob aus Westrich trat gemeinsam mit Frank Sinatra auf.

Zeugnisse Kuseler Musikantentums finden sich auch im Musikantenlandmuseum auf der einst mächtigen Burg Lichtenberg. Seit einem Großfeuer 1799 ist sie mit 425 Metern Länge größte Burgruine Deutschlands. Lediglich die Burgkapelle und die Landschreiberei, heute Burgrestaurant, überstanden die Katastrophe. Wieder aufgebaut wurde die Zehntscheune, die heute das Musikantenlandmuseum beherbergt. Im postmodern gestalteten, 1998 in die Burg eingepassten Urweltmuseum Geoskop führt eine Zeitreise zurück in die Zeit vor den Dinosauriern, mit Amphibien, Urfischen aus längst vergangenen Gewässern, Farn- und Schachtelhalmwäldern.

FLEISCH

Wenn es heißt: Do wird die Wutz gschlachd

„Das ist doch nur eine gebratene Scheibe Wurst!" Die flappsige Bemerkung der Pfalz-Besucherin lässt jedem echten Pfälzer den Kamm schwellen. Ihr Saumagen, ihr Leib- und Magengericht, einzigartig in der Welt, nur eine simple, gebratene Scheibe Wurst? Unmöglich!

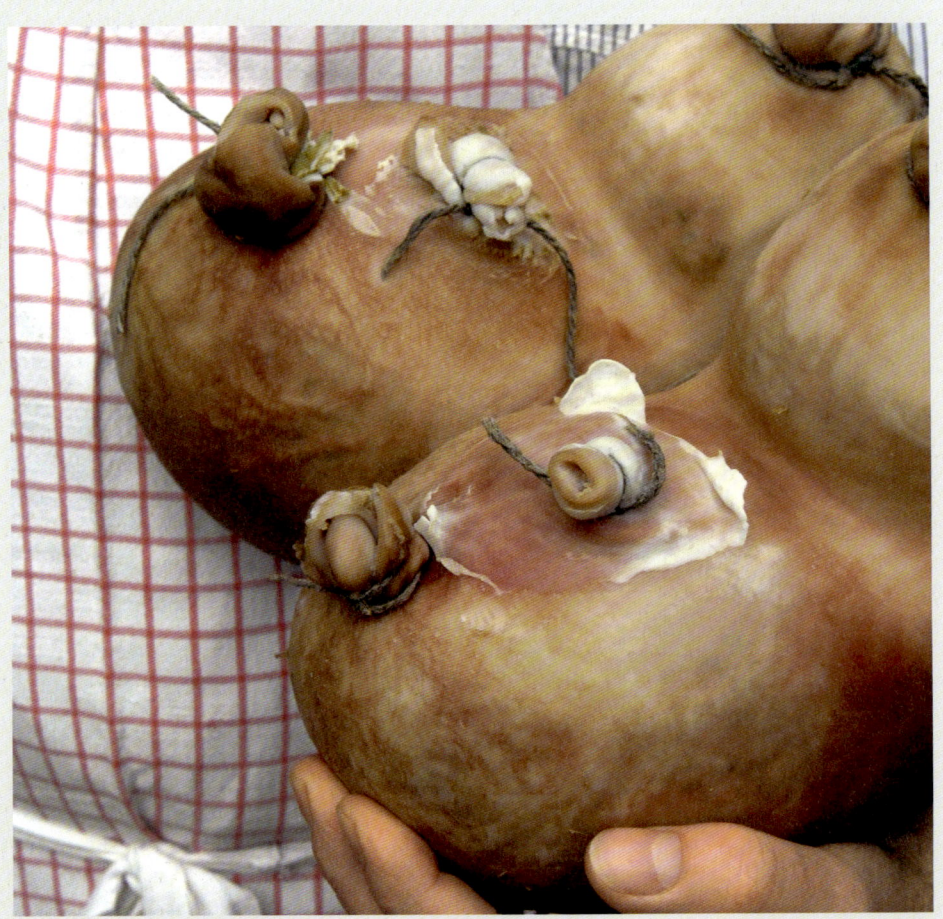

Saumägen der Metzgerei Hambel

Der Saumagen ist alles andere als simpel. Es gibt ungezählte Varianten und Rezepturen. Fleischer und Metzger treten in Wettbewerben um den besten Saumagen gegeneinander an, Adressen von Restaurants, wo es das beste Pfälzer Leibgericht gibt, werden hoch gehandelt. Doch ist der Name eigentlich trügerisch, denn der gewässerte und gut gereinigte Magen der Sau spielt eine untergeordnete Rolle. Er wird im Grunde nur als Kochbehältnis genutzt und mit einer Mischung etwa aus magerem Schweinefleisch, Bratwurstbrät, gewürfelten Kartoffeln und verschiedenen Gewürzen wie gehackten Zwiebeln, Majoran, Muskat und Pfeffer gefüllt, zugenäht und stundenlang gekocht. Gerne werden, wie im „Deidesheimer Hof", auch „Keschde", Kastanien, dazugegeben. Die Masse wird beim Kochen fest, wenn sie gar ist, in Scheiben geschnitten. Man kann sie aber erst noch im Ofen backen oder in Scheiben in der Pfanne anbraten.

Deftig-gut: Pfälzer Spezialitäten

Pfälzer Schlachtfest

Dabei gibt es bei einem Pfälzer Schlachtfest durchaus andere Stars. Traditionell können Metzelsuppe, Pfälzer Leberwurst, die auch „Grieweworscht" (Griebenwurst) genannte Blutwurst, Bratwurst, Leberknödel („Läwwerknedel") und Wellfleisch zu einem ordentlichen Schlachtfest gehören. Dabei werden die frisch gebrühten Würste noch warm direkt aus dem Kessel aufgetischt. Als Beilage ist Sauerkraut der Klassiker, Puristen belassen es einfach beim Brot. Auch zum Saumagen ist Sauerkraut praktisch Pflicht. Dazu wird gerne Wein getrunken, aber auch mit einem kühlen Bier schmecken die Spezialitäten der „Frischeschlachtung".

Die Metzelsuppe, auch „Worschdsup" genannt, enthält alles, was an Fleisch und Würsten bei der Schweine-Schlachtung anfällt und gleich gegart wird. Zugleich erhält man beim Kochen der Pfälzer Delikatessen auch noch eine herzhafte, wohlschmeckende Brühe, die ihresgleichen sucht. Mancherorts heißt daher das Schlachtfest auch Metzelfest. Üblicherweise wurde es meist im Frühjahr gefeiert, und trotz verschärfter Hygieneauflagen ist die Tradition nicht ausgestorben.

Ursprung des Schlachtfests war die Hausschlachtung des eigenen Schweins durch eine Gaststätte oder Privatpersonen. Dabei wurde alles sofort verarbeitet, was die Sau an Schmackhaftem hergab, und gleich anschließend in gemütlicher, fröhlicher Runde geschmaust. Außenstehende konnten an einer aufgehängten, aufgeblasenen Schweineblase erkennen: Hier gibt es ein Schlachtfest! Verwandtschaft und Nachbarn kamen und trugen die Metzelsuppe nach Hause oder konnten auch Fleisch und Würste kaufen.

Die Pfälzer Dreifaltigkeit

Natürlich haben die rustikalen Spezialitäten längst auch Einzug auf „normalen" Speisekarten vieler Restaurants gehalten. Besonders gut und bodenständig sind sie häufig in den Pfälzerwaldhütten zu bekommen. Für Einsteiger in die nicht gerade leichte regionale Küche empfiehlt sich etwa die „Pfälzer Dreifaltigkeit", eine schmackhafte Kombination aus Saumagen, Bratwurst und Leberknödel. Das ist zwar noch kein Schlachtfest, doch wenn das Gericht gut gemacht ist, vermittelt es einen kleinen Ausblick auf das, was auf einem richtigen Schlachtfest erwartet werden kann.

Top-Qualität von Top-Adressen

Deidesheimer Hof, Am Marktplatz, 67146 Deidesheim, Tel. 06326 9 68 70, www.deidesheimerhof.de
Pfälzer Wurstkessel, Metzgerei Günter Hardt, Schlichtstr. 10, 67165 Waldsee/Pfalz, Tel. 06236 50 90 90, www.pfaelzer-wurstkessel.de
Weinkastell zum Weißen Ross, Weinstr. 80/82, 67169 Kallstadt, Tel. 06322 50 33, www.weinkastell-kohnke.de
Metzgerei Klaus Hambel, Hintergasse 1, 6157 Wachenheim, Tel. 06322 46 13, www.metzgerei-hambel.de

Wo die Pfalz am höchsten ist

Mitten im nördlichen Pfälzer Bergland erhebt sich der Donnersberg. Schon Kelten und Römer hinterließen rund um den höchsten Pfalzgipfel ihre Spuren. Heute ist diese Kuppe ein ebenso beliebtes Ausflugsziel wie das malerische Meisenheim, das idyllische Glantal oder die zahlreichen Burgen.

❶ Kusel

Das 5000-Einw.-Städtchen ist Verwaltungssitz des gleichnamigen Kreises. Im Zentrum des Musikantenlandes und des Westrich, wie das westl. Bergland auch genannt wird, finden sich noch klassizistische und spätbarocke Gebäude.

SEHENSWERT/MUSEUM

Der **Stadtkern** besitzt einen mittelalterlichen Grundriss und Fachwerkhäuser am Alten Markt. Dort steht auch der **Hutmacherbrunnen** (1925), der an das von Hugenotten nach Kusel gebrachte Handwerk erinnert. Das **Heimatmuseum** (Marktstr. 27, Tel. 06381 82 22; Di.–So. 14.00–17.00 Uhr) birgt in einem klassizistischen ehem. Apothekerhaus neben Erinnerungsstücken an vergangene Zeiten das Fritz-Wunderlich-Gedenkzimmer.

AKTIVITÄTEN

In Altenglan (östl.) liegt der Start- bzw. Endpunkt der **Draisinentour** durch das landschaftlich reizvolle Glantal.

Das Musikantenmuseum in Kusel (o.l.), stolze Rösser beim Pferdemarkt in Quirnbach (o.r.); Rapsblüte im Hinterland (unten)

Tipp

Im Waldhotel

In romantischer Lage liegt nur wenige Meter abseits der Draisinenstrecke der „Felschbachhof". Kernstück ist das hervorragende Restaurant, in dem vorzugsweise mit regionalen und saisonalen Produkten erstklassige Menüs auf den Tisch gebracht werden. Zudem ist das Restaurant bio-zertifiziert. Aber auch die Zimmer können sich sehen lassen, und eine besondere Attraktion ist die Original-Finnhütte.

WALDHOTEL FELSCHBACHHOF
Felschbachhof 1,
66887 Ulmet
Tel. 06387 91 10
www.felschbachhof.de

UMGEBUNG

Burg Lichtenberg TOPZIEL (nordw.) gilt als größte Burgruine Deutschlands und bietet neben sehenswerten Museen Landschafts- und Burgerlebnisse sowie zahlreiche Veranstaltungen. Die Burg wurde vom 12. bis zum 15. Jh. wiederholt ausgebaut und vergrößert, nie erobert oder zerstört, bis ein Brand sie 1799 zur Ruine machte. Das Musikantenlandmuseum erinnert mit Ausstellungsstücken und Originalmusik an die Wandermusikanten, die von Kusel in die Welt zogen. Das Urweltmuseum Geoskop gibt Einblicke in das Erdzeitalter Permo-Karbon mit Fossilien aus der Zeit vor 290 bis 250 Mio. Jahren; ihm ist eine Naturschau angeschlossen (Burg Lichtenberg, Tel. 06381 99 34 50, www.urweltmuseum-geoskop.de; April–Okt. tgl. 10.00 bis 17.00, sonst tgl. 10.00–12.00 und 14.00 bis 17.00 Uhr). Die Burg beherbergt zudem eine reizvoll gelegene Jugendherberge (Burgstr. 12, 66871 Thallichtenberg, Tel. 06381 2632, www.diejugendherbergen.de).
Auch das Auswanderermuseum in **Oberalben** führt zurück in die Zeit der Wandermusiker

(Hauptstr. 3b, Tel. 06381 4 78 53, www.auswanderermuseum.de; 1. und 3. So. 14.00–17.00 Uhr). Zwischen Altenglan und Welchweiler (12 km nordw.) ist der **Bienenlehrpfad** von Erich Horbach zu finden (Info Imkerei Horbach, An der Wart 6, Matzenbach, Tel. 06383 3 63). Auf dem **Potzberg** (südöstl., 562 m) ist der 25 ha große Wildpark mit der Greifvogel-Flugschau ein interessantes Ziel (Wildpark Potzberg, Tel. 06385 62 49, www.wildpark.potzberg.de; tgl. 10.00–18.00, im Winter bis 17.00 Uhr, Flugschau Ende März bis Okt. tgl. 15.00 Uhr bei ausreichender Besucherzahl). **Quirn** (20 km südöstl.) ist für seine Viehmärkte bekannt (Pferdemarkt am 2. Nov.-Mi.).

INFORMATION

Tourist-Information
Bahnhofstr. 67, 66869 Kusel
Tel. 06381 42 42 70
www.kuseler-musikantenland.de

② Meisenheim

Das Städtchen (3000 Einw.) wird gern als „Rothenburg am Glan" bezeichnet. Um 1790 trat der berühmt-berüchtigte, 1803 in Mainz hingerichtete Hunsrückräuber Schinderhannes mehrfach ungut in Erscheinung.

SEHENSWERT
Meisenheim blieb jahrhundertelang von Kriegszerstörungen bewahrt und zeigt in der historischen **Altstadt** noch Teile der alten **Stadtmauer** mit dem Untertor (Urspr. 1315), **Fachwerkhäuser** und **Adelshöfe** vom 15. bis 17. Jh., eine von Säulen getragene **Markthalle** (um 1560), das **Rathaus** (1508), die neuroma-nische ehem. **Synagoge** (1866) und das Wahr-zeichen der Stadt, die spätgotische **Schloss-kirche** (Urspr. 13. Jh.) mit einer Orgel der Brü-der Stumm (1767).

UMGEBUNG
In und um **Alsenz-Obermoschel** (10 km östl.) gibt es einige Sehenswürdigkeiten wie die Rui-nen der 1689 von den Franzosen zerstörten Moschellandsburg (Urspr. 9. Jh.). Gern besucht wird das Pfälzer Steinhauermuseum (Alsenz,

Zeit erleben ...
Tipp

....

... ist das Motto des Turmuhrenmuse-ums. Die beeindruckende Sammlung von Knut Deutschle gibt dazu mit den über drei Meter großen Maschinen aus fünf Jahrhunderten, den alten Turmuh-ren, mit seltenen Präzisions- und Gar-tensonnenuhren und Sanduhren reich-lich Gelegenheit. Herzstück des Muse-ums ist der Uhrenturm mit der vom Ingenieurbüro Manfred Steinbach ent-wickelten Astronomischen Uhr, eine der vielseitigsten unter den modernen astronomischen Uhren. Sie zeigt u. a. die Bewegung von über 400 Sternen an.

MUSEUM FÜR ZEIT – PFÄLZISCHES TURMUHRENMUSEUM
Am Schloss 10
Rockenhausen, Tel. 06361 34 30
www.museum-fuer-zeit.de
Di.–So. 14.30–17.30 Uhr

Wehrgang in Kirchheimbolanden. Diese Anlage stammt noch aus dem 14. Jahrhundert.

Marktplatz 4, Mai–Okt. 1. und 3. So. im Monat u. n. Vereinb.). In **Lauterecken** (10 km südl.), am Zusammenfluss von Glan und Lauter, ist von einst zwei Schlössern lediglich das Wahr-zeichen der Stadt, der Valdenzturm, stehen ge-blieben. Die steinerne Bogenbrücke (17. Jh.) ist eine der ältesten Brücken der Pfalz.

INFORMATION
Tourist-Information, Verbandsgemeinde Meisenheim, Obertor 13, 55590 Meisenheim Tel. 06753 1 21 23, www.meisenheim.eu

③ Rockenhausen

Das Städtchen (5500 Einw.) überrascht mit einigen bedeutenden Museen und dem Skulp-turenweg. 1944 wurde hier die Jazz- und Blues-sängerin Joy Fleming geboren.

SEHENSWERT
Am Marktplatz stehen die ev. **Kirche** (16. Jh.), das **Kahnweilerhaus** und die **Napoleon-bank**, die von einem bronzenen Biedermeier-pärchen flankiert wird. Ein **Schloss** mit Park schmückt das Städtchen (heute Hotel). Beach-tenswert sind die Kunstwerke, zu denen der Skulpturenweg führt.

MUSEEN
Das **Museum im Kahnweilerhaus** ist Leben und Werk des Picasso-Freundes Daniel-Henry Kahnweiler gewidmet; außerdem zeigt es jedes Jahr Wechselausstellungen zeitgenössischer Künstler aus den Bereichen Graphik, Malerei und Plastik (Marktplatz 7, Do.–So. 15.00 bis 17.00 Uhr). Im **Museum Pachem** ist die Sammlung des Ehepaares Pachem zu sehen, das deutsche Kunst des 20. Jh.s (u. a. Otto Dix, Arno Breker) gesammelt hat; zudem eine Son-derausstellung „Pfälzer Künstler" (Speyerstr. 3, Di.–So. 14.30–17.30 Uhr). Das **Nordpfälzer Heimatmuseum** widmet sich der Geschichte der Stadt (Bezirksamtsstr. 8, April bis Weih-nachten Do., So. 15.00–17.00 Uhr).

UMGEBUNG
Am Südhang des Donnersbergs liegt das ehem. Bergwerksdorf **Imsbach** (10 km südöstl.). Zur „Bergbauerlebniswelt" gehören neben ausge-schilderten Rundwegen und dem Pfälzischen

Bergbaumuseum (Ortsstr. 2, www.bergbau erlebniswelt-imsbach.de; Museum und Berg-werke April–Okt. Sa. 13.00–17.00, So., Fei. 10.00–17.00, während rheinland-pfälzischer Sommerferien Di. 13.00–17.00 Uhr) auch das Besucherbergwerk „Weiße Grube" (Langental 1, Tel. 06302 34 48) und die benachbarte Eise-nerzgrube „Maria". Zwischen Rockenhausen und Imsbach liegt auf einem 100 m hohen Fel-sen oberhalb des gleichnamigen Ortes die Ru-ine der **Burg Falkenstein**; urspr. Grenzfes-tung. Sie dient seit 1991 als Freiluftbühne.

INFORMATION
Kultur- und Touristinfo, Bezirksamts-str. 7, 67806 Rockenhausen, Tel. 06361 451214, www.rockenhausen.de

④ Kirchheimbolanden

Die Kleinstadt (8000 Einw., Stadtrecht 1368) ge-fällt durch ein geschlossenes mittelalterliches Stadtbild, das zum Bummeln einlädt.

SEHENSWERT
Ein kleiner Stadtrundgang sollte in den Gassen der **Altstadt** mit ihren barocken Innenhöfen beginnen und zur **Stadtmauer** mit ihren Wehrtürmen (Urspr. 14. Jh.) führen. Beim res-taurierten Grauen Turm ist die Mauer zu be-steigen und der Wehrgang zu begehen. Man gelangt zur um 1740 erbauten, wiederholt um-gebauten **Sommerresidenz** der Fürsten von Nassau-Weilburg, die von einem reizvollen Schlosspark aus dem 19. Jh. umgeben ist. Zur selben Zeit wie das Schloss entstand auch die **Hof- und Stadtkirche St. Paul** (Schlosspark) mit der sogenannten Mozartorgel, eine der besterhaltenen Stumm-Orgeln Deutschlands.

UMGEBUNG
In **Steinbach** (15 km südlich), einem kleinen Ort am Fuße des Donnersberges, steht das **Keltendorf** (Tel. 06352 1712, www.kelten-dorf-steinbach.de; April–Okt. Sa. 11.00–17.00, So. und Fei. 10.00–17.00 Uhr). Zudem gibt es einen **Keltengarten** (www.keltengarten.de; April–Okt. Sa. 11.00–17.00, So., Fei. 10.00 bis 17.00 Uhr).
Die hübsche Gemeinde **Dannenfels** (8 km südw.), in der man sehr gut Obst und Obst-

brände vom Erzeuger kaufen kann, ist das Tor zum **Donnersberg** – von hier führt eine Straße bis recht nah an den Gipfel. Am Parkplatz, Ausgangspunkt für Wanderungen, laden zwei Gasthäuser zur Rast ein. Bei Marnheim öffnet sich das **Zellertal** mit vielerlei Urlaubsmöglichkeiten (www.zellertal-aktiv. de).

INFORMATION
Donnersberg-Touristik-Verband
Uhlandstr. 2, 67292 Kirchheimbolanden
Tel. 06352 17 12
www.donnersberg-touristik.de

⑤ Enkenbach - Alsenborn

Fußball und Zirkus sind die beiden Aspekte, die Alsenborn über die Grenzen der Pfalz hinaus bekannt gemacht haben. Der SV Alsenborn spielte vor rund 40 Jahren um den Aufstieg in die Fußball-Bundesliga mit, und Fritz Walter hatte in dem Ort seinen Wohnsitz. Seit Mitte des 19 Jh.s bis zum Zweiten Weltkrieg kamen viele Artisten aus Alsenborn; im Sommer gingen die Zirkusfamilien auf Tournee, im Winter schlugen sie hier ihr Winterquartier auf.

SEHENSWERT
Die romanische **Klosterkirche** (um 1270) im Ortsteil Enkenbach gehörte einst zu einem 1148 gegründeten Prämonstratenserinnenkloster. Das Kirchenportal schmücken kunstvolle Skulpturen. Scherzhaft werden die Alsenborner noch heute „Bajasse" (vom ital. Bajazzo) genannt. Das **Bajasseum** (Zirkusmuseum, Rosenhofstraße; tgl. 9.00–18.00 Uhr) führt durch die Artistengeschichte des Ortes. In dem ehem. Wohnhaus von Italia und Fritz Walter ist eine private **Fritz-Walter-Ausstellung** zum Leben des bekannten Fußballspielers (1920 bis 2002; „Wunder von Bern") untergebracht (Leininger Str. 104; Besichtigung nach Vereinb., Tel. 06303 66 96).

UMGEBUNG
Das **Naturschutzgebiet Mehlinger Heide**, ein ehem. Truppenübungsplatz, ist mit 410 ha die größte Heidelandschaft Süddeutschlands. Vom **Seehaus Forelle Haeckenhaus** (8 km nordöstl., 67305 Ramsen, Tel. 06356 608 80, www.haeckenhaus.de), einem malerisch an den Fischteichen am Eiswoog gelegenen Hotel-Restaurant, fahren während der Saison die Schmalspurzüge der historischen **Stumpfwaldbahn** (Bahnhof Eiswoog, 67305 Ramsen, Tel. 06356 80 35, www.stumpfwaldbahn.de). Hinter dem Gasthof befindet sich das Eistal-Viadukt, eine der höchsten und längsten Eisenbahnbrücken der Pfalz (35 m hoch, 250 m lang).

INFORMATION
Verbandsgemeindeverwaltung
Hauptstr. 18, 67677 Enkenbach-Alsenborn
Tel. 06303 91 31 68
www.enkenbach-alsenborn.de

Genießen   Erleben   Erfahren

DuMont
Aktiv

Auf der Schiene strampeln

Überholen geht nicht. Wer auf seiner Draisine schneller unterwegs ist als das Gefährt davor, muss sich in Geduld üben. Aber das ist nicht schwer. Schließlich zeigt sich rechts und links der Gleise die idyllische Landschaft des Glantals und lockt mit vielen kleinen Ausflügen etwa zu einem Stauwehr oder einer alten Ölmühle.

Am Ende sind sich immer alle einig: Vierzig Kilometer auf Schienen zu strampeln ist bei Weitem nicht so anstrengend wie befürchtet. Die eingleisige ehemalige Bahnstrecke entlang des Flüsschens Glan hat wenig Gefälle oder Steigungen. Außerdem ist etwa alle zwei Kilometer ein Haltepunkt, an dem man die Draisine von den Schienen heben und parken kann – entweder zum Ausruhen oder um die Umgebung zu erkunden.

Rechts und links sitzen diejenigen, die strampeln dürfen, in der Mitte ist auf einer Sitzbank Platz für zwei weitere Fahrgäste, und dahinter bleibt noch genügend Stauraum für Gepäck oder Fahrräder. Nähert man sich einer Kreuzung, heißt es, die Geschwindigkeit zurückzunehmen. Dann wird die Schranke gehoben und die Draisine zügig über die Straße geschoben. Spätestens nach vierzig Kilometern ist die Fahrt zu Ende, man kann aber auch schon nach der halben Strecke aussteigen. Ein Regionalbus bringt die Fahrgäste an den Ausgangspunkt zurück. Das ist an geraden Tagen Staudernheim und an ungeraden Altenglan.

Auf einen Blick

Termine: zwischen März und Oktober ganztägige Draisinenfahrten im Glantal
Draisinen: Fahrraddraisinen für vier Personen, Konferenzdraisine und Handhebeldraisine für größere Gruppen, barrierefreie Draisine

Buchung:
Tourist-Information
Pfälzer Bergland „hin & weg"
Tel. 06381 42 42 70
www.draisinentour.de

Eine Draisinenfahrt auf den stillgelegten Strecken im Glantal – ideal für Familien mit Kindern, denn der Spaßfaktor ist bei allen Beteiligten ziemlich hoch.

Lebenslust am Betze

Kaiserslautern ist zunächst Fußball und nochmals Fußball. Bedeutung gewinnt die Metropole des Pfälzerwaldes aber auch durch Kaiser Barbarossa und die Amerikaner. Schließlich steht Kaiserslautern für industrielle Geschichte, zukunftsorientierte Wissenschaft und eine vielfältige Umgebung.

Der Kaiserbrunnen schmückt den Kaiserslauterner Stadtplatz Mainzer Tor.

Eine Maske aus Carraramarmor weist den Weg zum Pfalztheater, der Weg zum Bier wird nächtens am Martinsplatz gewiesen.

Geselliges Beisammensein unter dem freien Himmel von Kaiserslautern: am Martinsplatz

Spätgotisch zeigt sich Kaiserslauterns Stiftskirche.

Stadt, Kaiser, Fluss: Namengebend für Kaiserslautern waren Kaiser Barbarossa und das Stadtflüsschen Lauter.

Der „Betze" lebt! Fußball ist in Kaiserslautern omnipräsent – die absolute Identifikation der ganzen Region mit dem Fußballclub geht zurück auf den nach dem Zweiten Weltkrieg in der damaligen Oberliga Südwest begründeten Mythos FCK und ist eng mit Fritz Walter verbunden. 1948 bestritt Walter mit dem FCK das erste Meisterschafts-Endspiel der Nachkriegszeit – und verlor gegen den 1. FC Nürnberg. Nach den Meisterschaften 1951 und 1953 gehörte er zusammen mit seinem Bruder Ottmar, Werner Kohlmeyer, Werner Liebrich und Horst Eckel, dem „Lauterer Block", beim Gewinn der Weltmeisterschaft 1954 zu den Helden von Bern.

Walters Ehrengrab auf dem Hauptfriedhof ist ein Pilgerziel für Fußballfans.

Tradition und Moderne

Aber nicht nur Fußball bestimmt die Region. Über 150 Jahre lang drehte sich in Kaiserslautern auch viel ums Textil. Doch die Zeiten scheinen vorbei. Nach vielen Tiefen und wenigen Höhen in den letzten Jahren wurde im Januar 2008 die Pfaff Industrie Maschinen AG insolvent – die Sparte für Haus-Nähmaschinen war schon längst an Husqvarna verkauft worden. 1862 hatte der Instrumentenmacher Georg Michael Pfaff eine erste Nähmaschine konstruiert. Die von ihm in Kaiserslautern gegründete Näh-

Fernöstliches Dokument der Lebensfreude ...

... im Japanischen Garten: idealisierte Natur und Kunstwerk zugleich wie hier am Oberen Teich des Gartens in Kaiserslautern

Pfälzisches Dokument der Lebensfreude am Betze: Ob in der 1. oder 2. Bundesliga, bei den Heimspielen der „Roten Teufel" hält es die Anhänger nicht auf den Sitzen.

Dorado für zwei Räder: Wälder der Pfalz

Special

Gernot Rumpf

„Ich gieße meine Welt"

In der Pfalz trifft man auf Brunnen, die eindeutig die charakteristische Handschrift eines Künstlers zeigen: Sei es beim Lutherbrunnen in Ludwigshafen, dem Tabakbrunnen in Hayna oder dem Dorfbrunnen in Herxheim – ein Werk von Gernot Rumpf ist unschwer zu erkennen.

Symbolisch: Kaiserbrunnen am Mainzer Tor

Häufig bedient sich der Künstler pfälzischer und biblischer Motive, setzt gekonnt auf Mythologie und Fantasie und spielt gern mit Elementen aus der Geschichte seiner Auftraggeber. So auch bei einem seiner bekanntesten Werke, dem Kaiserbrunnen (1987) am Mainzer Tor in Kaiserslautern, wo Rumpf 1941 geboren wurde. Sein Abitur machte er an der Weinstraße in Neustadt. Dort stammen die Paradiesbrunnen (1973) sowie der Elwetritschenbrunnen (1978) von ihm, auch der Elwetritschenbrunnen in Obermoschel, der Lederstrumpfbrunnen (1987) in Edenkoben, der Geißbockbrunnen (1985) in Deidesheim sowie

den Saubrunnen in Bornheim. Wer mit offenen Augen durch die Pfalz läuft, wird noch mehr der charakteristischen Wasserspiele sehen. Und gar bis Jerusalem – der berühmte Löwenbrunnen (1989) stammt von ihm und seiner Frau Barbara – und Tokio haben es Rumpfs Brunnen geschafft. Dafür wurden ihm schon vor zwanzig Jahren der Verdienstorden des Landes Rheinland-Pfalz verliehen sowie 1997 der Deutsche Weinkulturpreis.

maschinenfabrik G. M. Pfaff, mit den Jahren führend in der Branche, beschäftigte in ihren besten Zeiten über 10 000 Menschen. Bereits 1981 war der einst wichtigste Textilbetrieb der Stadt, die 1857 von Franz Flamin Meuth und Jean Schoen gegründete Kammgarn-Spinnerei, zahlungsunfähig. Das Fabrikgebäude wurde zum Kulturzentrum Kammgarn umgewidmet. Dabei blieben etliche der alten Originalmaschinen erhalten.

An die Stelle der Textil- sind heute Denkfabriken getreten. Der noch jungen Universitätsstadt gelang es geschickt, sich mit international renommierten Forschungsinstituten zu schmücken, dem Fraunhofer-Institut für Experimentelles Software Engineering beispielsweise, dem Institut für Techno- und Wirtschaftsmathematik, dem Deutschen Forschungszentrum für Künstliche Intelligenz – alles zukunftsorientiertes Hightech. Auch das Max-Planck-Institut für Softwaresysteme steigert das wissenschaftliche Renommée der Stadt.

K-Town forever

Kaiserslautern wurde immer auch durch auswärtige Einflüsse geprägt. Bis kurz nach dem Zweiten Weltkrieg waren es die Franzosen, die der Stadt, die einst auch unter bayerischer Herrschaft stand, ihren Stempel mit aufdrückten.

Ruine der Burg Nanstein, die schöne
Kulisse der Landstuhler Burgspiele

Schneegänger im Wildpark am Kaiserslauterner Betzenberg (wieder
nix los heute – der FCB macht Winterpause!)

Von Nanstein geht der Blick weit hinab
auf die Stadt Landstuhl.

Romanisch-gotisch: Der „Dom von Otterberg" beeindruckt schon allein durch seine Größe.

Die Clubszene hinter dem Hauptbahnhof ist bei deutschen wie amerikanischen Nachtschwärmern gleichermaßen beliebt.

Französische Einflüsse sind noch in der Sprache gegenwärtig. Ab 1951 ließen sich in Kaiserslautern und seinem Umland – französische Besatzungszone hin oder her – die Amerikaner nieder und machten die Stadt zur größten amerikanischen Gemeinde außerhalb der Vereinigten Staaten – schlicht „K-Town" genannt. Bis zu 50 000 US-Amerikaner leben in und um Kaiserslautern, und in den USA ist K-Town ein Begriff, schließlich hatten in den fünf Jahrzehnten Amerika in der Pfalz unzählige Familien ein Familienmitglied oder einen Bekannten, der hier stationiert war.

Deutsch-Amerikanische Freundschaft

So sind die Amerikaner durch ihre eigenen Autokennzeichen unübersehbar. Ihre Kaufkraft ist für das Wirtschaftsleben unverzichtbar, ein Dollarverfall unmittelbar spürbar und auch der Einfluss auf das Straßenbild unübersehbar. Dennoch ist ein echtes Miteinander trotz Deutsch-Amerikanischem Bürgerbüro und deutsch-amerikanischer Freundeskreise eher selten. Das gilt wenigstens für die bürgerliche Normalwelt. Die Clubszene hinter dem Hauptbahnhof sieht das ganz anders und ist bei deutschen wie amerikanischen Nachtschwärmern gleichermaßen beliebt.

Not all american

Wer die Homepage des 19 000-Einwohner-Städtchens Ramstein anklickt, findet dort Informationen zum Pfadfinderzentrum „Kurpfalz" oder dem Freizeitbad Azur, aber kaum einen Hinweis darauf, dass die amerikanische Armee Ramstein ebenso wie das benachbarte Landstuhl mit dem US-Militärkrankenhaus erheblich mitprägt. Auch nach Abzug etlicher Soldaten, was für die Region wirtschaftlich einschneidend war, bleibt Ramstein die größte Basis der US Air Force außerhalb der Vereinigten Staaten und beherbergt unter anderem das Hauptquartier der amerikanischen Luftstreitkräfte in Europa und der Alliierten Luftstreitkräfte Nordeuropas. Unvergessen bleibt auch das Flugtagunglück auf der Air Base am 28. August 1988, bei dem 70 Besucher ums Leben kamen.

Recht gut informiert wird man auf der offiziellen Homepage der Air Base – „Home of the 86th Airlift Wing and Headquarters of US Air Forces Europe". Demnach arbeiten hier etwa 8000 Militärangehörige und rund 1600 zivile Beschäftigte – von einst 40 000. Das „Amerikanische" ist in der Öffentlichkeit nach wie vor offensichtlich, und das wird auch so bleiben. Das ist es jedenfalls, was ein Großteil der Menschen aus K-Town und Umgebung sehnlichst wünscht.

Die besten Attraktionen für die ganze Familie

Klettern, staunen, abdampfen

Die Pfalz hat alles, was sich Familien mit Kindern nur wünschen. Viel Natur, interessante Kultur und spannende Erlebnisse. Eine Vielzahl von Burgen, Wildparks, Museen, Wander- und Mountainbikestrecken, Sportanlagen, Freibäder und Badeseen bietet zu jeder Jahreszeit, bei jedem Wetter und für jede Altersgruppe die vielfältigsten Möglichkeiten.

3 SeaLife Speyer

Von der Quelle in den Alpen folgt der Besucher dem Rhein thematisch bis zu seiner Mündung in die Nordsee. Weiter geht es durch das Mittelmeer bis in die Tiefen des tropischen Ozeans, wo man durch einen Unterwassertunnel schreitet. Über 3000 Fluss- und Meeresbewohner in mehr als 40 Becken und Aquarien sind eine echte Attraktion. Angeboten werden auch tägliche Fütterungen, spannende Erlebnisführungen sowie zahlreiche Events.

SeaLife Speyer
Im Hafenbecken 5
67346 Speyer
Tel. 06232 6 97 80
www.visitsealife.com/
speyer

1 Dynamikum

Beim Dynamikum handelt es sich nicht um ein „totes" Museum, sondern ein intelligentes Science Center zum Mitmachen. Hier kann man die insgesamt 160 Exponate anfassen und selber ausprobieren, welche Phänomene aus Naturwissenschaft und Technik hinter den einzelnen Stationen stehen, die in der ehemaligen Schuhfabrik unter dem Leitmotiv „Bewegung" installiert wurden. So wird etwa der Schall sichtbar gemacht. Seit 2014 gibt es 13 Outdoor-Exponate im angrenzenden Naturpark Strecktal, wo auch eine „DiscGolf-Anlage" bespielt werden kann.

Dynamikum
Fröhnstr. 8
66954 Pirmasens
Tel. 06331 23 94 30
www.dynamikum.de

2 Holiday Park

Der größte Freizeitpark der Pfalz lässt sich immer wieder etwas Neues einfallen. So hat mit dem „Sky Scream" ein Coaster der Superlative Einzug gehalten, der mit dem neuen Horrorlaboratorium zu seinen Füßen die Gäste mit Gruseln empfängt. Mit „Sky Fly" gibt es eine neue, spektakuläre Flugattraktion, aber der Park will sich mit den Studio100-Figuren Biene Maja, Wickie, Tabaluga und Heidi auch vom Freizeit- zum Themenpark wandeln. Adrenalin-Highlights und Familienspaß, so das neue Motto.

Holiday Park Haßloch
67454 Haßloch
Holiday-Park-Str. 1–5
Tel. 06324 59 93
www.holidaypark.de

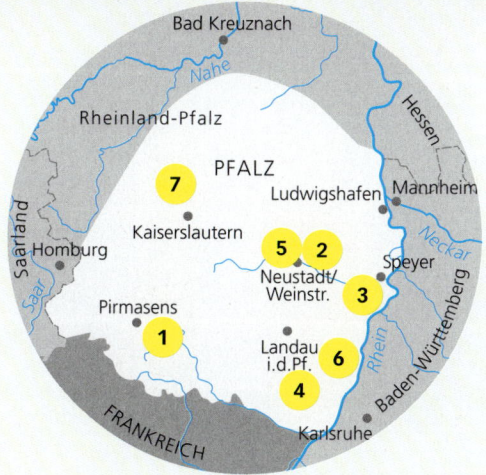

4 Fun Forest

Der Fun Forest ist wohl einer der schönsten Klettergärten Europas. Im Kandeler Bienwald sind auf einer Fläche von sieben Hektar über 200 Bäume mit etwa 17 000 Meter Stahlseil verbunden. So kann man sich auf insgesamt 24 Hochseilparcours unterschiedlicher Schwierigkeitsgrade bis in 22 Meter durch die Baumwipfel bewegen. Es gibt sechs Übungs- und einen eigenen Kinderparcour. Ein besonderes Highlight ist die 250-Meter-Riesen-Seilrutsche.

Fun Forest Abenteuer Park
Badallee, nahe Waldschwimmbad
76870 Kandel
Tel. 07275 61 80 32
http://kandel.funforest.de

5 Das Kuckucksbähnel

Wie Lukas der Lokomotivführer können sich Kinder bei einer Fahrt mit der „Kuckucksbähnel" fühlen. Die auch landschaftlich reizvolle Fahrt mit dem historischen Zug von Neustadt ins Elmsteiner Tal ist Dampfloknostalgie pur. Neu im Programm ist die „Abdampftour" für Fahrradfahrer und Mountainbiker. Komplett ist der Ausflug aber erst mit einem Besuch des Eisenbahnmuseums.

Infos über Sonderfahrten, Betriebstage, Fahrzeiten
www.eisenbahnmuseum-neustadt.de
Tel. 06 32 1 3 03 90

6 Badesee am Moby Dick

An heißen Tagen tut Abkühlung gut. Neu seit 2015 ist der schöne Badesee am Freizeitzentrum Moby Dick ganz im Süden der Pfalz. Am flach abfallenden Sandstrand (mit Badeaufsicht) kommen fast schon Mittelmeergefühle auf. Man kann Volleyball spielen und Tretboot fahren, es gibt zwei finnische Saunen und ein Dampfbad, eine abgetrennte Kleinkinderzone und ein Restaurant mit Sonnenterrasse. Und wer länger bleiben möchte, schlägt sein Zelt, so lange er mag, auf dem Campingplatz auf.

Attraktionen am See nur im Sommer geöffnet, Sauna ganzjährig
Badesee am Moby Dick
Am See 2
76761 Rülzheim
www.mobydick.de

7 Bonanza Ranch

Auf der Bonanza Ranch können schon die Jüngsten ein Pony mieten und sich auf einem schönen Rundweg entlang der Lauter von ihren Eltern führen lassen. Fortgeschrittene können Ausritte buchen. Regelmäßig werden „Cowboy-Tage" mit Ponyreiten, Planwagenfahrten und Cowboyspielen veranstaltet.

Bonanza Ranch
Alte Brücke 4
67734 Katzweiler
Tel. 06301 81 64
http://bonanzaranch.de

Fußball ist nicht alles. Aber fast.

Kaiserslautern ist die Metropole der Pfalz. Vor allem wegen des Fußballs erfährt „Lautern" wesentlich mehr Medienpräsenz als andere Städte seiner Größe und besitzt dadurch und durch seine Rolle als größte „US-amerikanische Community" ebenso wie die Nachbargemeinden Landstuhl und Ramstein-Miesenbach bundesweite Beachtung.

❶ Kaiserslautern

Am Nordwestrand des Pfälzerwaldes gelegen, ist Kaiserslautern als wirtschaftliches und universitäres Zentrum die Metropole der Pfalz – auch, wenn es seinen Großstadtstatus unlängst verloren hat (100 000 Einw.). Nach 1945 entwickelten sich Kaiserslautern und die Region um die Airbase zur größten US-amerikanischen Garnison in Europa.

SEHENSWERT

Das **Rathaus** (Willy-Brandt-Platz 1) ist mit 84 m Höhe markantes Wahrzeichen der Stadt (guter Blick vom Panorama-Restaurant im 21. Stock). Gegenüber erinnern nur noch einige Buckelquader vom Fundament des Kaisersaals und spärliche Mauerwerksreste der Burgkapelle an diesen bedeutenden Bau der **Kaiserpfalz** (Willy-Brandt-Platz); die Fluchtgänge der Stauferzeit können bei Stadtführungen besichtigt werden. In unmittelbarer Nachbarschaft befand sich das Casimirschloss (Willy-Brandt-Platz) des „Jägers aus Kurpfalz"; vom Renaissanceschloss, das sich Pfalzgraf Johann Casimir erbauen ließ, ist nur der **„Casimirsaal"**, 1935 aus den Ruinen des einstigen Prachtbaus entstanden, zu besichtigen. Nur wenige Schritte entfernt ist der Sandsteinbau des **Neuen Pfalztheaters** (1995; Willy-Brandt-Platz 4–5) Anlaufpunkt für Kulturfreunde. Richtung Fußgängerzone steht die 1843–1846 nach dem Vorbild des Palazzo Medici in Florenz im Renaissance-Stil als Markthalle und Veranstaltungsraum errichtete **Fruchthalle** (Fruchthallstr. 1, heute Veranstaltungen). In der Fußgängerzone ist das historische **Gasthaus Zum Spinnrädl** (Schillerstr. 1, Tel. 0631 6 05 11, www.spinnraedl.de) von 1740 einzig erhaltenes Fachwerkhaus der Stadt.
Mitten in der Innenstadt liegt die **Stiftskirche** (Marktstr. 13); sie gilt als bedeutendste spätgotische Hallenkirche Südwestdeutschlands und Symbol der „Pfälzischen Union", der Vereinigung von Lutheranern und Reformierten in der Pfalz. Die Kirche geht auf ein von Kaiser Barbarossa gefördertes Prämonstratenserkloster zurück, das 1511 in ein weltliches Stift umgewandelt wurde. Von ihrer Schokoladenseite zeigt sich die Kirche mit dem davor befindlichen

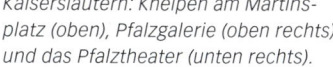
Kaiserslautern: Kneipen am Martinsplatz (oben), Pfalzgalerie (oben rechts) und das Pfalztheater (unten rechts).

„Schönen Brunnen" (16. Jh.) von der Marktstraße aus.
Der **St.-Martins-Platz** mit Altem Stadthaus (1745), ehem. Hotel Zum Donnersberg und sogenannter Spoliensäule mit Abbildungen zur Stadtgeschichte bildet das Tor zur Altstadt. Am Rand des Platzes steht die **St.-Martins-Kirche** aus dem frühen 14. Jh. Unweit davon baute die Lutherische Gemeinde am großzügig gestalteten Unionsplatz auf dem Rittersberg die **Kleine Kirche** (1711–1717; Unionsplatz). Vom St.-Martins-Platz aus, im Sommer ein herrlicher Ort, um draußen vor den Cafés und Restaurants zu sitzen, erreicht man über die Steinstraße mit ihren Geschäften und Gaststätten den ehem. Fuhrmannsgasthof „Rheinkreis" (1817), in dem das **Theodor-Zink-Museum** (Steinstr. 48) seine Sammlungen ausstellt. Der gegenüberliegende und dazugehörige **Wadgasserhof** geht auf einen mittelalterlichen Wirtschaftshof zurück, war im 17. Jh. aber auch fürstlicher Witwensitz. Am Ende der Steinstraße steht der 1987 von Gernot Rumpf geschaffene **Kaiserbrunnen** (Mainzer Tor),

der Motive aus der Geschichte Kaiserslauterns zeigt. Der **Japanische Garten** TOPZIEL (Am Abendsberg, www.japanischergarten.de) ist ein Kleinod fernöstlicher Gartenbaukunst und Rückzugsort von der Großstadthektik. Nur 200 m südwestl. befindet sich der Eingang zur **Gartenschau Kaiserslautern** (Turnerstr. 2, www.gartenschau-kl.de; April–Okt. tgl. 9.00 bis 19.00 Uhr). Neben einem prachtvollen Blumenmeer bietet diese die größte Dinosaurier-Ausstellung Europas (80 Nachbildungen) sowie viele Kultur- und Freizeitmöglichkeiten.

MUSEEN

Die **Pfalzgalerie** TOPZIEL ist eines der bedeutendsten Museen von Rheinland-Pfalz und widmet sich hauptsächlich der Malerei und Plastik des 19. bis 21. Jh.s; nach umfassender Sanierung zeigt sich die Dauerausstellung mit Werken von Otto Dix, Max Liebermann, August Macke oder Max Beckmann in neuem Glanz, dazu eine umfangreiche grafische Sammlung und Wechselausstellungen (Museumsplatz 1, Tel. 0631 3 64 72 01, www.mpk.de; Di. 11.00 bis 20.00, Mi.–So. 10.00–17.00 Uhr). Das **Theodor-Zink-Museum** präsentiert die Geschichte der Stadt (Steinstr. 48, Tel. 0631 365 23 27, www.theodor-zink-museum.de; Mi.–Fr. 10.00 bis 17.00, Sa. und So. 11.00–18.00 Uhr). Die Dependance **Wadgasserhof** (Steinstr. 55; Di. bis Fr. 10.00–17.00, Sa. und So. 11.00–18.00 Uhr) zeigt Ausstellungen mit Schwerpunkt Kunsthandwerk und Volkskunde.

THEATER

Das **Neue Pfalztheater** (W.-Brandt-Platz 4–5, Tel. 0631 3 67 52 09, www.pfalztheater.de) ist ein Spartenhaus mit hohem Anspruch und bietet Oper, Operette, Schauspiel, Kabarett, Ballett, Konzerte und Musical. Das unter Denkmalschutz stehende **Kulturzentrum Kammgarn** ist eine der ersten Kulturadressen Kaiserslauterns. Hauptsächlich finden Konzerte von Rock und Pop bis zu Blues und Jazz, aber auch Ausstellungen und andere kulturelle Events statt (Schoenstr. 10, www.kammgarn.de).

AKTIVITÄTEN

Der 25 ha große **Wildpark Betzenberg** ist Heimat für Wisente, Rehwild, Auerochsen, Wildpferde, Rothirsche, Mufflons, Wildschweine

Tipp

Hinter Gittern

Mitten in der City können Lautern-Besucher einmal ausprobieren, wie sich ein Leben hinter Gittern anfühlt. Nahe dem Japanischen Garten hat Ende 2008 in den Räumen der ehem. Haftanstalt der Stadt das „Hotel Alcatraz" eröffnet. Neben einfachen Zellenzimmern werden auch De-Luxe-Zimmer angeboten – doch die hätte man auch in einem „normalen" Hotel. Auch in der Bar sitzt man stilecht „hinter Gittern".

ALCATRAZ HOTEL AM JAPANISCHEN GARTEN
Morlauterer Str. 1
67657 Kaiserslautern
Tel. 0631 4 14 04 00
www.alcatraz-hotel.com

und Luchse (Entersweilerstraße; tgl. geöffnet); der **Zoo** befindet sich im Stadtteil Siegelbach (Zum Tierpark 10, Tel. 06301 716 90, www.zoo-kl.de; April–Okt. 8.30–18.30, sonst 9.00 bis 17.00, Fütterungszeiten 9.00–10.00, Mo.–Fr. 14.00–15.00 Uhr). Einen herrlichen Blick hat man vom 36 m hohen **Humbergturm** (1900) am südl. Stadtrand. Im Sommer lohnt der Besuch des **Gelterswoog** im Stadtteil Hohenecken, des größten Naturweihers in der Region, mit einem umfangreichen Spiel- und Sportangebot (Strandbad, an der B 270, Tel. 0631 3 50 35 99; im Sommer Mo. 12.00 bis 20.00, Di.–So. 9.00–20.00 Uhr). Im „Seehotel Gelterswoog" (Am Gelterswoog 20, Tel. 0631 3 53 00, www.seehotel-gelterswoog.de) werden italienische, aber auch pfälzische Gerichte serviert.

SPORT UND FREIZEIT

Das **Fritz-Walter-Stadion** auf dem Betzenberg ist Heimstätte des 1. FC Kaiserslautern (Fritz-Walter-Straße 1, Fritz-Walter-Stadion, Eingang Block 5, www.fck.de). Das **Freibad Waschmühle**, die „Wesch", wie die Lauterer ihr Bad nennen, ist mit einer Länge 165 m, einer durchschnittlichen Breite von 45 m und einer Wasserfläche von 10 500 m² das größte „Einbeckenbad" Europas (Waschmühle 1, Tel. 0631 370 41 08, www.waschmuehle.de). Etwa 20 km nordw. befindet sich bei Mackenbach ein **Golfplatz** (Golf-Club Barbarossa, Am Hebenhübel, 67686 Mackenbach, Tel. 06374 99 46 33, www.golfclub-barbarossa.de).

UMGEBUNG

Eine besondere Entdeckung wurde 1874 in **Rodenbach** (10 km nordw., bei Weilerbach) gemacht: ein keltisches Hügelgrab mit wertvollen Grabbeigaben. Das „Fürstengrab von Rodenbach" wird auf um 400 v. Chr. datiert (April bis Okt. tgl. 9.00–19.00 Uhr) und gilt als bedeutendster Fund aus der La-Tène-Zeit nördlich der Alpen. Bei den Ausgrabungen fand man eiserne Waffen, Bronzegefäße und als wertvollste Beigaben einen goldenen Armreif und

Die Burgruine Nanstein thront oberhalb von Landstuhl (oben); Fußball-Denkmal 11 Freunde Kaiserslautern (links)

einen goldenen Fingerring. Die Originalfunde sind im Historischen Museum der Pfalz in Speyer zu sehen. Repliken des Armreifs und des Fingerrings befinden sich u. a. im Reinhard-Blauth-Museum in Weilerbach (Infos zu Öffnungszeiten beim Touristikbüro Weilerbach, Tel. 06374 92 21 31).

INFORMATION

Tourist Information
Fruchthallstr. 14
67655 Kaiserslautern
Tel. 0631 3 65 23 17
www.kaiserslautern.de

② Landstuhl

Seit jeher liegt die 8800-Einwohner-Stadt am Schnittpunkt wichtiger Verkehrsrouten. Heute meist nur für sein Militärhospital bekannt, bietet Landstuhl aber auch eine hübsche Altstadt.

SEHENSWERT

Die **Altstadt** wird von Fachwerkhäusern, Bürgervillen und historischen Gebäuden geprägt wie der Zehentscheune aus dem 13. Jh. (Hauptstr. 3, heute Sickingen-Museum) und der Villa Benzino, ein 1841 in norditalienischem Villenstil erbautes Schlösschen am Alten Markt.

Wahrzeichen Landstuhls, das jahrhundertelang von den Herren von Sickingen beherrscht wurde, ist die über der Stadt thronende **Burg Nanstein** (April–Sept. Di.–So. 9.00–18.00, Okt. und Nov. 10.00–16.00, Jan.–März 10.00–16.00 Uhr, Dez. geschl.). Um 1160 von Kaiser Friedrich I. Barbarossa über einem 15 m hohen Sandsteinriff errichtet, modernisierte Franz von Sickingen die mittelalterliche Festung im 16. Jh. zu einem „Bergschloss", das auch Geschützen widerstehen können sollte. Doch wurde die Burg 1523 im „Reichsritterkrieg" zusammengeschossen und Franz von Sickingen, der „letzte Ritter", erlag dabei seinen Kampfverletzungen. Als mächtiges Renaissanceschloss wieder aufgebaut, wurde die Anlage 1668 auf Befehl des Kurfürsten von der Pfalz gesprengt. Im Sommer dient sie als Kulisse für die Landstuhler Burgenspiele.

MUSEUM

Das **Sickingen-Museum** ist dem „letzten Ritter" und seiner Zeit gewidmet (Hauptstr. 3; nach Vereinb. mit Verbandsgemeinde Landstuhl, Tel. 06371 830).

VERANSTALTUNGEN

Die **Burgspiele Landstuhl** bringen volkstümliche Stücke auf die Bühne (www.burgspiele-landstuhl.de).

UMGEBUNG

Hauptanziehungspunkt in **Ramstein-Miesenbach** ist nicht die Airbase, sondern das Freizeitbad Azur (Schernauerstr. 50, Tel. 06371 715 00, www.freizeitbad-azur.de; Mo. 13.00 bis 22.00, Di.–Fr. 10.00–22.00, Sa. 10.00–20.00, So., Fei. 9.00–20.00 Uhr) neben dem Stadion Ramstein mit einer abwechslungsreichen Badewelt drinnen wie draußen.
Ein beliebtes Naherholungsgebiet mit guten Möglichkeiten zu schönen Spaziergängen und mit ordentlichen öffentlichen Grillplätzen ist das **Seewoog**.

INFORMATION

Tourist-Information „Sickingen-Tourismus"
Hauptstr. 3a (Bürgerhaus)
66849 Landstuhl
Tel. 06371 130 00 12
www.landstuhl.de

❸ Otterberg

Das kleine Städtchen (5300 Einw.) ist durch den „Dom von Otterberg" bekannt. Seinen Ursprung hat es in der Klostersiedlung der 1143 gegründeten Zisterzienserabtei.

SEHENSWERT

Der **Dom von Otterberg** in der Altstadt ist nach dem Speyerer Dom die größte Abteikirche in der Pfalz (79,5 m lang, 1254 geweiht). Ein Brunnen mit einem 14 t schweren, behauenen Findling zeigt die Gründung des Klosters und den Einzug der Wallonen, die sich 1579 hier als Religionsflüchtlinge ansiedelten. Die alte **Stadtmauer** wurde großteils wiederhergestellt. Die **Schmiede Theis** in der Hintergasse, seit sieben Generationen in Familienbesitz, ist heute Hufschmiedemuseum und funktionsfähige Schmiede.

UMGEBUNG

Im benachbarten **Otterbach** beherbergt eine ehemalige evangelische Kirche das Motorradmuseum Heinz Luthringshauser mit einer Sammlung historisch bedeutender Motorräder aus über 80 Jahren Motorradgeschichte (Otterstr. 18, www.vg-otterbach.de; April–Okt. So. und Fei. 10.00–12.30 und 13.30–17.00 Uhr).

INFORMATION

Tourist-Information
Hauptstr. 54
67697 Otterberg
Tel. 06301 3 15 04
www.otterbach-otterberg.de

Genießen   Erleben   Erfahren

DuMont
Aktiv

Lebensgefühl Betze

Einmal dort sitzen, wo schon große Trainerpersönlichkeiten verzweifelt nach Erklärungen suchten, weshalb ihre Mannschaft nicht die erhofften drei Punkte vom Betzenberg mit nach Hause nahm. Fans des 1. FC Kaiserslautern (und anderer Fußballclubs) müssen davon nicht länger träumen: Die Herzblut-Tour macht's möglich.

Der Raum für die Pressekonferenz ist eine der Stationen, die Besucher bei der Führung durchs Betzenberg-Stadion hoch über Kaiserslautern ansteuern. Seit dem 65. Geburtstag von Fritz Walter im Jahr 1985 trägt der „Betze" den Namen eines der berühmtesten deutschen Fußballer, für den derzeit in der Halle Ost ein Museum eingerichtet wird. Dort soll auch das „Lebensgefühl Betzenberg" illustriert werden, das die Lauterer durchs Leben und immer wieder ins Stadion trägt.

Aber nur die wenigsten Lauterer kennen den VIP-Bereich oder saßen schon mal auf der Trainerbank am Stadionrand, was bei der Stadionführung alles möglich ist. Nur zu den Kabinen und in den medizinischen Bereich kann man nicht vordringen, da der 1. FCK direkt beim Stadion trainiert und die Kabinen deshalb auch während der Woche belegt sind. Ein kleiner Film gibt dennoch entsprechende Einblicke, bevor der große Moment kommt und die Besucher durch den Spielertunnel ins eigentliche Stadion einlaufen, in dem die Fans jedes zweite Wochenende die Roten Teufel feiern – und leider manchmal auch ein bisschen mit ihnen leiden.

Termine

Die **Herzblut-Führungen** durchs Fritz-Walter-Stadion werden an verschiedenen Wochentagen angeboten (Termine: www.fck.de)
Kontakt per Mail: stadionfuehrung@fck.de

Auch vor **Heimspielen** der Roten Teufel kann man hinter die Kulissen schauen und anschließend in die einzigartige Fußball-Stimmung am „Betze" eintauchen.

Eine legendäre Fußball-Arena: im Volksmund Betzenberg oder „Betze" genannt, offiziell „Fritz-Walter-Stadion", Heimstatt der „Roten Teufel". Derzeit kicken sie wieder in der 2. Bundesliga.

Von Burg zu Burg im Felsenmeer

Der Pfälzerwald gilt als größtes zusammenhängendes Waldgebiet Deutschlands und ist bei Wanderern wie bei Radlern gleichermaßen beliebt. Wer mag, der kann zwischen Zweibrücken, Pirmasens und Dahn von Burg zu Burg ziehen, denn das Gebiet ist geradezu gespickt mit alten Festungen oder deren Ruinen, und zwischendrin verführt so mancher Badesee zur Rast.

Ruine Altdahn im Pfälzerwald wurde wohl schon im 12. Jh. erbaut und war bis 1603 bewohnt.

Der Teufelstisch von Hauenstein wird gern und viel fotografiert.

In Wallhalben ist die Rosselmühle zu finden – mit ihrem vollständig erhaltenen Mahlwerk dient sie heute als Mühlenmuseum.

Eine herrliche Landschaft entfaltet sich rund um die Gemeinde Busenberg bei Dahn.

Das Schönste am Pfälzerwald sind für viele die Hütten. Über 100 dieser Wandererheime laden hier zur Rast. In einigen kann sogar übernachtet werden. Charakteristisch ist für alle die urige Atmosphäre, auch wenn es nüchternere moderne Hütten gibt, und die deftige „Pfälzer Hüttenkost" zu meist moderaten Preisen. Zu ihr zählt die nahrhafte „Pfälzer Dreifaltigkeit" aus Leberknödel, Saumagen und Bratwurst ebenso wie „Weißer Käs", was Kräuterquark ist, Hausmacherwurst und selbst gebackener Kuchen. Natürlich gehört auch ein Schoppen Pfälzer Wein

Neben dem soliden Essen ist es die gute Stimmung, die Geselligkeit, die für die Wanderer zählt.

zur zünftigen Einkehr. Neben dem soliden Essen ist es die gute Stimmung, die Geselligkeit, die für die Wanderer zählt. Bewirtschaftet werden die Hütten vielfach ehrenamtlich von den verschiedenen Ortsgruppen des Pfälzerwaldvereins und auch den Naturfreunden Rheinland-Pfalz. Dabei stehen „Pfälzerwaldhütten" nicht nur im Pfälzerwald, sondern sind in der ganzen Pfalz zu finden – die höchstgelegene, die Keltenhütte, steht auf dem Donnersberg.

Neue Wege ...

Anfangs war es nur eine Idee. Bei Wanderern war der Pfälzerwald schon lange sehr beliebt und anerkannt. Doch auch mit dem Rad war schon so mancher in dem größten zusammenhängenden deutschen Waldgebiet unterwegs gewesen. Warum also nicht ein Streckennetz schaffen, das ehrgeizigen Freizeitsportlern wie gelegentlichen Querfeldein-Radlern gleichermaßen optimale und abwechslungsreiche Bedingungen bietet? So entstand mithilfe des leidenschaftlichen Bikers und MTB-Tourguides

Die Buntsandsteinfelsen des Pfälzerwalds, insbesondere des Dahner Felsenlands,
eignen sich hervorragend zum Klettern.

Im Pfälzerwald mit seinen ungezählten Sandsteintürmen und -massiven blickt man auf über 100 Jahre Klettertradition zurück.

Südlich Elmstein liegt der stille Helmbachweiher (oben). Darunter: Blick aus Wipfelhöhen auf dem „Baumwipfelpfad" beim Biosphärenhaus in Fischbach.

Stephan Wagner, der die Planung und die nicht immer leichte Ausschilderung der Strecken übernahm, ein über 300 Kilometer langes Streckennetz, auf dem Techniker und Kilometerbolzer ebenso auf ihre Kosten kommen wie Familien mit Kindern.

… im Mountainbikepark Pfälzerwald

Und beim reinen Wegeauszeichnen ist es nicht geblieben. Den Mountainbikepark Pfälzerwald macht längst mehr aus. So wurden Stationen eingerichtet, an denen man Ausrüstung ergänzen kann, und für die insgesamt fünf Touren und Teilstrecken kann man sich aus dem Internet die GPS-Daten herunterladen. So

kann man auch die Pfälzerwaldhütten nicht verpassen.

Abdampfen mit der Bahn

Gemütlich geht es bei der „Abdampftour" zu, bei der man auf dem Rad von Lambrecht nach Elmstein fährt. Zurück an den Ausgangsort „dampfen" die Biker dann frei von allen Anstrengungen mit der historischen Kuckucksbahn. Sportlich Ambitionierte treffen sich hingegen einmal in jedem Sommer beim Mountainbike-Marathon. Doch bei allem Radel-Enthusiasmus sollten die Empfehlungen des „fair biking" niemals vergessen werden – und immer schön das Rad unter Kontrolle behalten.

Auf den Schuh gekommen

Schuhe sind im Pfälzerwald ein besonderes Thema. Und das nicht nur bei den Wanderern, galt die Region doch bis in die 1980er-Jahre als Zentrum der deutschen Schuhindustrie. Der gesamte südwestpfälzische Raum um die Schuhstadt Pirmasens – in der noch immer eine der zentralen Schuhmessen stattfindet – exportierte Schuhe und Lederwaren in die ganze Welt. In Hauenstein mit seinen gerade mal 4500 Einwohnern wurden in 36 Fabriken Schuhe produziert. 1886 hatten in dem Pfälzerwalddorf die Brüder Carl-August und Anton Seibel die erste Fabrik gegründet, nachdem zuvor bereits in Pirmasens Fabriken entstan-

Der Zweibrücker Rosengarten ist ein herrlicher Stadtpark.

Der Alte Friedhof von Pirmasens gehört zum Europäischen Skulpturenweg.

Zum „Kloster Hornbach" zählt auch ein duftender Kräutergarten in der Tradition des mittelalterlichen Arztes und Naturheilkundlers Hieronymus Bock.

Moderne Gastlichkeit hinter uralten Mauern:
Entrée des Hotels „Kloster Hornbach"

Holt so manchen Stern vom Kochhimmel:
Jörg Glauben vom „Landschloss Fasanerie"

Special

Trab, Galopp – und Vollgas

Pferde spielen in Zweibrücken eine große Rolle – vor allem für diejenigen, die sich für Pferderennen interessieren und deren Ziel die Rennwiese ist.

Der Ruf Zweibrückens als Pferdestadt geht eher auf das bereits 1775 gegründete Gestüt und die jährlich im August stattfindenden Pferdetage zurück als auf die Rennen der schnellen Vollblüter. Immerhin, die Galopper gingen hier bereits 1821 erstmals an den Start, und seit 1875 werden die Rennen regelmäßig auf der Rennwiese inmitten der Stadt veranstaltet. Dabei richtet der Pfälzische Rennverein Zweibrücken alljährlich einen Frühjahrs- und einen Sommerrenntag aus, bei dem im Juni neben Galoppern inzwischen auch Traber an den Start gehen. Einer der Höhepunkte ist der Preis der Stadt Zweibrücken um den Silbernen Bügel für vierjährige und ältere Pferde. Auch die Motorrad-Cowboys kommen gern auf die

Prächtige Pferde werden hier gezüchtet.

Rennwiese, hat sie doch einen hervorragenden Ruf als Austragungsort für Grasbahnrennen.

Pferdesportfreunde finden mit der idyllischen Waldbahn in Hassloch ein zweites lohnendes Ziel, und auch in Herxheim gehen zwischen Weinbergen und Tabakfeldern Traber und Galopper an den Start – auch wenn die Gemeinde eher in der Speedwayszene bekannt ist; hier fanden bereits 1984 Sandbahn-Weltmeisterschaften statt.

den waren. In Pirmasens produziert bis heute der Damenschuhhersteller Peter Kaiser, auch die Marke „Kangaroos" hat hier ihren Sitz. In Hauenstein sind neben dem Deutschen Schuhmuseum viele Fachgeschäfte und die gläserne Schuhfabrik des Herstellers Josef Seibel

Im Schuhmuseum lockt das größte Paar Schuhe der Welt: Schuhgröße 247!

Hauptattraktionen. In Letzterem locken das größte Paar Schuhe der Welt mit der gigantischen Größe 247 sowie eine Sammlung von mehr als 3000 Paaren aus aller Welt – darunter natürlich auch geschichtsträchtige Fußballstiefel.

WANDERN IM NATURPARK PFÄLZERWALD

Ein bewegendes Naturidyll

Wandern, Radfahren, Mountainbiken, Klettern – der Pfälzerwald bietet allen, die Erholung suchen, viel Abwechslung im größten zusammenhängenden Waldgebiet Deutschlands.

Schon im Jahr 1958 wurde der Pfälzerwald als einer der ersten vergleichbaren Parks als Naturpark ausgewiesen. Erklärtes Ziel war es damals, der umliegenden Bevölkerung eine weitgehend unberührte, naturnahe Landschaft als Ort der Erholung und Begegnung mit der Natur zu erhalten bzw. in Teilen auch neu zu erschließen. Offiziell unter Schutz gestellt wurde er dann aber erst neun Jahre später, 1967, als Landschaftsschutzgebiet „Naturpark Pfälzerwald".

UNESCO-Biosphärenreservat

1992 nahm man das Gebiet dann auch noch wegen seines besonderen Vorbild- und Modellcharakters als zwölftes deutsches Biosphärenreservat in das von der UNESCO anerkannte weltweite Netz der Biosphärenreservate auf – somit wurde der Pfälzerwald zu einem wichtigen Mosaikstein für die globale Erhaltung der biologischen Vielfalt und nachhaltige Nutzung der natürlichen Ressourcen der Erde. Seit 1998 ist das heute rund 1790 Quadratkilometer große Gebiet Teil des grenzüberschreitenden deutsch-französischen Biosphärenreservats Pfälzerwald-Nordvogesen. Ziel ist es, die Natur, die Artenvielfalt und die Kulturlandschaft zu erhalten sowie neue Wege des Zusammenlebens von Mensch und Natur zu finden. Vor allem der letzte Punkt ist in einer Region, die stark vom Tourismus lebt, von ganz enormer Bedeutung.

Wandern im Naturparadies

Rund 12000 Kilometer Wanderwege sind im Pfälzerwald ausgeschildert. Felsen, Burgen, Wälder und am Osthang Weinberge bieten viel Abwechslung. Mehrere Premium-Wanderwege und seit 2010 auch drei Prädikats-Weitwanderwege sind der ganze Stolz der Pfälzer Tourismusverantwortlichen.

Abenteuer im Pfälzerwald

Den Wanderern, die sich in der Pfalz auf den Weg machen, sollte bewusst sein, in welch sensiblem und schützenswertem Gebiet sie sich bewegen – und sie sollten sich entsprechend verhalten. Die Pfälzer vertrauen ihren Gästen da voll und ganz und bieten sogar Trekkingplätze an: An diesen sieben Stellen zwischen der Burg Guttenberg im Süden und Kalmit im Norden ist das Übernachten im Biosphärenreservat offiziell erlaubt. Alle Plätze liegen abseits von Ortschaften und viel begangenen Wanderwegen – man erreicht sie nur zu Fuß. An Komfort bietet sie den Trekking-Fans neben einem einfachen Toilettenhäuschen und einer Feuerstelle bis zu sechs Lagerplätze. Die Trekkingstellen können zwischen April und Oktober gebucht werden.

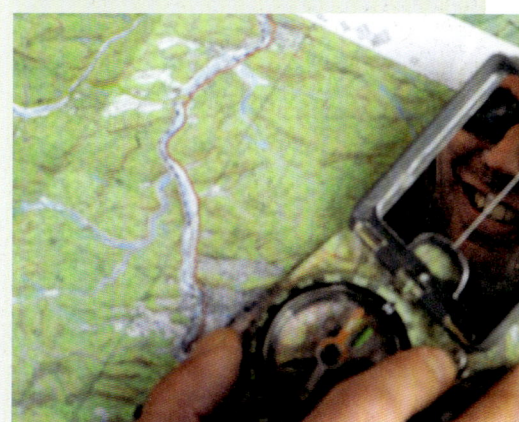

Es röhrt der Hirsch – auch im Pfälzerwald (oben). Gute Planung ist besser als Sichverlaufen (unten). In der Karlstalschlucht bei Trippstadt (S.108)

Natur und Kultur entdecken beim Wandern im Pfälzerwald, hier Burg Trifels

Den Wanderern sollte bewusst sein, in welch sensiblem Gebiet sie sich bewegen.

Schöne Aussichten auf Burgen wie hier die Wegelnburg zwischen Schönau und Nothweiler, die höchste Burgruine der Pfalz, gehören ebenso zum Wandervergnügen wie „Schäferidyllen" unterwegs.

Genaue GPS-Daten führen zum ausgewählten Ort. Zur Saison 2013 sind noch drei neue Plätze im Donnersberger und Lauterer Land hinzugekommen.

Wein, Wald, Burgen, Städtchen
Wer es etwas komfortabler mag, der kann für seine Touren durch den Pfälzerwald Komplettangebote buchen, die Übernachtung und Gepäcktransport beinhalten. Empfeh-

lenswert ist dies sicherlich für die längeren Strecken wie den Wanderweg Deutsche Weinstraße, der über 100 Kilometer vom Deutschen Weintor in Schweigen nach Bockenheim entlang einer stilisierten grünen Traube auf weißem Grund führt, oder für den Burgenwanderweg, der auf 189 Kilometern ebenfalls von Schweigen nach Bockenheim verläuft und allein im 22 Kilometer langen Abschnitt zwischen Ramberg und St. Martin an fünf Burgruinen vorbeiführt.

Der Pfälzer Höhenweg
Schöne Aussichten auf Burgen, Wald und Städtchen verspricht der Prädikats-Weinwanderweg von Winnweiler über Meisenheim nach Wolfstein im Norden des Pfälzerwaldes, der sogenannte Pfälzer Höhenweg mit rund 112 Kilometern Länge. Weniger Aussichten, aber Waldpfade, Felsen und tief eingeschnittene Bachtäler sind typisch für den 140 Kilometer langen Pfälzer Waldpfad von Kaiserslautern bis nach Schweigen an der französischen Grenze. Auch dies ist einer der neuen Prädikats-Weitwanderwege wie der Pfälzer Weinsteig, der in Neuleiningen beginnt und 152 Kilometer später ebenfalls in Schweigen endet. An klaren Tagen belohnen wunderbare Aussichten auf die Rheinebene alle Mühen.

Wo Kaiser Barbarossa Station machte
Viele der Hauptwander- und -radwege durch den Pfälzerwald führen über Johanniskreuz: Im Herzen des Pfälzerwaldes gelegen, war dieser kleine Weiler schon für Kaiser Barbarossa Station auf seinem Weg von der Burg Trifels nach Kaiserslautern. Im Haus der Nachhaltigkeit in Johanniskreuz stellt sich das Biosphärenreservat Pfälzer Wald-Nordvogesen vor, auch im Biosphärenhaus in Fischbach bei Dahn. Der Waldbestand ist mit rund 75 Prozent der dominierende Teil des Reservates; hier wachsen Kiefern, Buchen, Fichten und Eichen. Die Kastanienwälder am Ostrand verdanken die Pfälzer den Römern, die auch den Wein in diese von der Sonne verwöhnte Gegend brachten.

Infos im Internet
....

Wandervorschläge für jede Kondition:
www.suedlicheweinstrasse.de
www.wanderportal-pfalz.de
www.kruemelhuepfer.de
Trekking: alle Infos unter
www.trekking-pfalz.de
Nordic-Walking-Strecken:
www.zentrum-pfaelzerwald.de
Radtouren: www.radwanderland.de
Broschüren sind über die örtlichen Tourismusbüros erhältlich.

Licht und Schatten:
Wandern im Pfälzer-
wald zeigt die Schönheit
der Natur in all ihrer
Herrlichkeit – und all ihrer
Schutzbedürftigkeit.

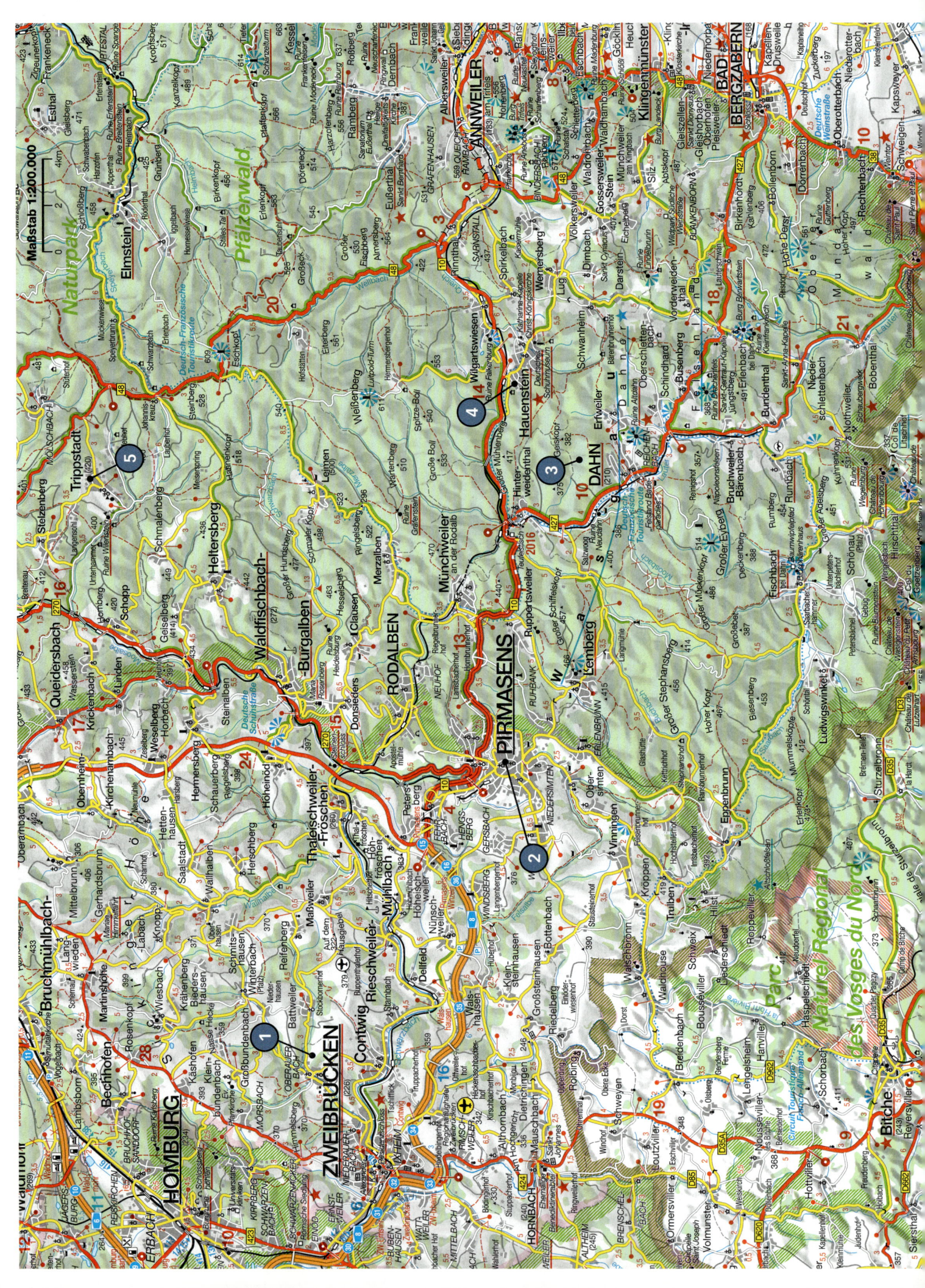

Im Pfälzer Burgen- und Waldland

Mittendrin im für sich schon wunderschönen Pfälzerwald liegt das Dahner Felsenland mit seinen Buntsandsteinfelsen, die nicht nur bei heutigen Kletterern begehrt sind, sondern jahrhundertelang Baumaterial für eine Vielzahl Burgen lieferten.

❶ Zweibrücken

Zweibrücken (35 000 Einw.) gilt als die Stadt des Barocks, der Rosen und der Rosse und lag mitten in einer häufig zwischen Frankreich und deutschen Fürsten umkämpften Region. 1945 zerstörte ein alliierter Bombenangriff die Stadt fast vollständig.

Tipp

Königliche Fasanerie

An der Fasanerie, einem Beispiel barocker Gartenbaukunst, liegt dieses romantische Hotelrefugium, geschaffen, um sich mit Speis und Trank, Spa und Wellness verwöhnen zu lassen. Hotelier Roland Zadra wurde Hotelier des Jahres 2009. Auch kulinarisch lassen sich er und sein Küchenchef Jürgen Süs immer wieder etwas einfallen, so etwa mit den Themenabenden im stimmungsvollen Kaminzimmer. Das Restaurant Landhaus wurde zudem mit einem Bib Gourmand ausgezeichnet.

LANDSCHLOSS FASANERIE
Fasanerie 1,
66482 Zweibrücken, Tel. 06332 97 30,
www.landschloss-fasanerie.de

SEHENSWERT/MUSEUM

Das wiedererrichtete **Barockschloss** (Schlossplatz) wurde bis 1725 als Residenzschloss erbaut; es ist der größte pfälzische Profanbau (heute Oberlandesgericht). Die **Alexanderkirche** (Alexanderstraße), um 1500 unter Herzog Alexander im spätgotischen Stil erbaut, ist die älteste Kirche Zweibrückens und beherbergt wertvolle Grabdenkmäler sowie Gemälde heimischer Künstler. Auch die **Herzogvorstadt**, ein Ensemble aus mehreren Barockgebäuden (1762–1772), blieb unzerstört (heute Behördensitz). Mit **Europas Rosengarten TOPZIEL** (www.rosengarten-zweibrue cken.de; April, Okt. tgl. 9.00–18.00, Mai, Sept. bis 19.00, Juni, Juli, Aug. bis 20.00 Uhr), einer grünen Oase mit 45 000 Rosen aus über 2000 Arten, dem Wildrosengarten sowie der Fasanerie, dem größten zusammenhängenden Waldgebiet der Stadt, bietet Zweibrücken drei Natursehenswürdigkeiten der besonderen Art, miteinander verbunden durch den Rosenweg. Bereits 1755 wurde das **Landgestüt Zweibrücken** (Gutenbergstr. 16, www.landgestuet-zwei bruecken.de) nach englischem Vorbild gegründet. Im einstigen Wohnhaus des Zweibrücker Hofmalers und Generalbaudirektors Johann Christian von Mannlich (1740–1822) befindet sich das **Stadtmuseum** (Herzogstr. 9, Di. 10.00 bis 18.00, Mi.–So., Fei. 14.00–18.00 Uhr). Ein besonderes Einkaufserlebnis bieten die **Designer Outlets Zweibrücken** direkt an der Autobahn 8 südöstl. der Stadt (Londoner Bogen 10 bis 90, Mo.–Sa. 10.00–19.00, http://zweibru cken.thestyleoutlets.de/).

VERANSTALTUNG

Die **Rosentage** sind der Höhepunkt der Rosengarten-Konzerte und finden im Juni statt.

UMGEBUNG

Hornbach hat seinen Ursprung in einem Benediktinerkloster (750 gegr., 1558 aufgehoben), in dem 753 der hl. Pirminius begraben wurde. Die Eröffnung eines Hotels ermöglichte die Restaurierungen und die Einrichtung des Klostermuseums Historama (Hotel Kloster Hornbach, Tel. 06338 91 01 00, www. kloster-hornbach.de; Museum Di.–Fr. 10.00–17.00, Sa., So. 11.00–16.00 Uhr).

Barockschloss in Zweibrücken

INFORMATION

Kultur- und Verkehrsamt
Marxstr. 1, 66482 Zweibrücken
Tel. 06332 87 14 51, www.zweibruecken.de

❷ Pirmasens

Die heutige Kreisstadt (41 000 Einw.) war 1763 bis 1790 Residenz des Landgrafen Ludwig IX. von Hessen-Darmstadt. Bis 1997 war Pirmasens US-amerikanische Garnison.

SEHENSWERT

Lange gab es Auseinandersetzungen um die Neugestaltung des **Exerzierplatzes**; heute mögen die Pirmasenser ihren „Exe" mit dem Alten Rathaus von 1770 (Hauptstr. 26) – beides Überbleibsel aus der Zeit Landgraf Ludwigs IX. Pirmasens gilt als Stadt der sieben Hügel. Um die Höhenunterschiede zu überwinden, wurden viele Treppenanlagen gebaut; am bekanntesten ist die **Schlosstreppe** vom Exerzierplatz hinauf zur Pirmiuskirche (1900), flankiert vom **Schlossbrunnen** mit seinen einladenden Sitznischen. An die Tradition als Schuhstadt erinnert das Gebäude der ehem. Schuhfabrik **Neuffer am Park** (um 1925; Neufferstraße), heute Kongresszentrum und Raum für Kunstausstellungen.

MUSEEN

Die **Pirmasenser Museen** im „Alten Rathaus" umfassen Heimat- und Schuhmuseum, Scherenschnittkabinett und Bürkelgalerie (Exerzierplatz 17, Di.–So. 14.00–17.00 Uhr); Heinrich Bürkel (1802–1869) war ein in Pirmasens gebürtiger Maler des Biedermeier. Das **Westwallmuseum Gerstfeldhöhe** in Pirmasens-Niedersimten ist die größte noch erhaltene Anlage des Westwalls, einer gigantischen Befestigungsanlage (Tel. 06331 84 22 99, www.westwall-museum.de; April bis Okt. Sa. und So. 13.00–17.00 Uhr).
Die **WAWI-Schokowelt** in Pirmasens-Sommerwald (Unterer Sommerwaldweg 19, www.wawi-euro.de; Mo.–Fr. 8.00–18.00, Sa. 9.00 bis 13.00 Uhr), eine „gläserne" Schokoladenfabrik mit kleinem Museum und Direktverkauf, präsentiert alles rund um die Schokolade: von der Produktion der Osterhasen und Pralinen bis zum Verkauf der Süßigkeiten, mit Kostprobe und kostenloser Führung. Für Kinder spannend ist das **Dynamikum** (siehe Favoriten S. 94)

UMGEBUNG

Attraktion ist die **Ruine Lemberg** (6 km südöstl., Urspr. um 1200; www.burg-lemberg.de; Mi.–So. 11.00–19.00, im Winter nur bis

Tipp

Leben auf der Burg

....

Auf der als uneinnehmbar geltenden Burg Berwartstein (Urspr. 12. Jh.) residierte um 1500 Hans von Trotha, Heerführer kurpfälzischer Landsknechte. Seine Untaten sind ebenso legendär wie seine Feste. Auf der einzigen noch bewohnten mittelalterlichen Burg der Pfalz werden Burgführungen angeboten, und es gibt eine rustikale Burgschenke.

BURG BERWARTSTEIN

Erlenbach (südöstl. Dahn)
Tel. 06398 2 10
www.burg-berwartstein.de
Führungen und Burgschenke März bis Okt. tgl., Nov.–Feb. Sa. und So.

Schuhmuseum von Hauenstein (o.r.), Baumwipfel bei Dahn (o.l.) und die Felstürme (u.r.)

17.00 Uhr), attraktiv der sich über 45 km durch elf Seitentäler windende **Rodalbener Felsenwanderweg**.

INFORMATION

Tourist-Information im Rheinberger
Fröhnstr. 8, 66954 Pirmasens
Tel. 06331 2 39 43 21, www.pirmasens.de

❸ Dahn

Der Luftkurort (4700 Einw.) ist Mittelpunkt des Dahner Felsenlandes mitten im Naturpark Pfälzerwald.

SEHENSWERT

Hauptattraktionen sind die zahlreichen **Felstürme** TOPZIEL, deren mächtigster, der Jungfernsprung, sich 65 m hoch über dem Ort erhebt. Je nach Tageszeit und Eisenanteil des Gesteins können die Felsen ihre Farben wechseln. Anziehungspunkte sind zudem zahlreiche Burgen und Burgruinen wie die **Ruine Neudahn** (Urspr. um 1240) und die Burgengruppe **Altdahn-Grafendahn-Tanstein** (Urspr. 12./13. Jh.), ein Dreierensemble auf einer aus fünf Felsen bestehenden Sandsteinklippe. Dort befindet sich auch ein interessantes Burgmuseum (Tel. 06391 36 50; Ostern–Okt. 11.00 bis 17.00 Uhr).

AKTIVITÄTEN

Felsland-Badeparadies und Saunawelt (Eybergstr. 1, Tel. 06391 21 79, www.felsland-badeparadies.de; Mo.–Do. 9.00–21.00, Fr. 9.00 bis 22.00, Sa., So. und Fei. 9.00–20.00 Uhr)

UMGEBUNG

Eine der Attraktionen ist das **Biosphärenhaus** (Am Königsbruch 1, Tel. 06393 921 00, www.biosphaerenhaus.de; Mai–Sept. tgl. 9.30–18.00 Uhr, sonst kürzer) bei **Fischbach** (26 km südl.). Mit drei Badeseen lockt der Luftkurort **Ludwigswinkel** an der Grenze zum Elsass.

INFORMATION

Verkehrsverein Dahn, Weißenburger-str. 17d, 66994 Dahn, Tel. 06391 51 88
www.verkehrsverein-dahn.de
Tourist-Information Dahner Felsenland
Schulstr. 29, 66994 Dahn
Tel. 06391 919 62 22
www.dahner-felsenland.net

❹ Hauenstein

Einst war der Luftkurort (4100 Einw.) das Zentrum der Pfälzer Schuhindustrie und nennt sich daher „Deutschlands größtes Schuhdorf". Auch heute noch dreht sich hier in „Hääschde" vieles um die Fußbekleidung, aber auch ums Wandern und um Wildkräuter und „Keschde" (Kastanien).

MUSEEN

In der **Gläsernen Schuhfabrik** (Waldenburger Straße 1, Tel. 06392 9 22 13 71, www.glaeserne-schuhfabrik.de; Mo.–Fr. 10.00–12.00 und 12.45–16.30, Sa., So. und Fei. nach Vereinbarung, Nov.–März Sa., So. und Fei geschl.) kann der Besucher erleben, wie in 150 Arbeitsschritten ein Schuh entsteht. Das **Deutsche Schuhmuseum** (Turnstr. 5, Tel. 06392 923 33 40, www.museum-hauenstein.de; tgl. 9.30–17.00 Uhr) zeigt eine Kollektion von Schuhen aus allen Epochen und Kontinenten. Herausragend: die Ernst-Tillmann-Sammlung.

UMGEBUNG

Eine der meistfotografierten Sehenswürdigkeiten im Pfälzerwald ist der bizarre Buntsandsteinfelsen **Teufelstisch** bei **Hinterweidenthal** mit Erlebnispark (9 km westl., tgl. 10.00 bis 18.00 Uhr, im Winter geschlossen). Der Legende nach hat einst der Teufel die 300 t schwere Felsplatte als Tischplatte auf zwei Felspfeiler gewuchtet, um daran zu essen.

AKTIVITÄTEN

Wandern wird in Hauenstein durchaus großgeschrieben. Gut ausgeschilderte Wege, beispielsweise der Hauensteiner Schusterpfad, führen dabei eigentlich immer zu einer schönen Wanderhütte wie dem Wanderheim „Dicke Eiche" und der Paddelweiher-Hütte. Beliebt ist auch das **Klettern** an mehr als 200 Felsen.

VERANSTALTUNGEN

Von Mitte Mai bis in den Juni ist die ganze Region bei den **Kräuterwochen** auf Kräutertour. Im Oktober findet die **Keschdewoche** statt mit dem größten und ältesten Kastanienmarkt der Gegend.

INFORMATION

Tourismusbüro Urlaubsregion Hauenstein
Schuhmeile 1
76846 Hauenstein
Tel. 06392 9 23 33 80
www.hauenstein-pfalz.de

❺ Trippstadt

Das Städtchen (3100 Einw.) sieht sich als Tor zum Pfälzerwald. Der Luftkurort im „Kranz der Wälder" war im 18. und 19. Jh. Eisenhütten- und Köhlerort – das Kohlenbrennerfest im Sept. und das Museum erinnern daran.

SEHENSWERT/MUSEUM

Das **Trippstädter Schloss** ist auffälligstes Gebäude des Orts, ein 1764–1767 vom damaligen kurfürstlichen Obristjägermeister veranlasster Barockbau mit Schlosspark. Zur Versorgung von Schloss und Ort (bis 1965) wurde zur selben Zeit der begehbare **Brunnenstollen** angelegt; der Wassertunnel (Führung nur nach Vereinb. mit der Tourist-Information) sammelte die Wasser des Quellbachtals. Das **Eisenhüttenmuseum** (Hauptstr. 26; Mo.–Fr. 8.00–12.00, 12.30–16.00 Uhr) in einer denkmalgeschützten Schmiede (auch Tourist-Information) ist der Bergbaugeschichte des Ortes bis zum Jahr 1892 gewidmet.

UMGEBUNG

Das idyllische **Karlstal** mit der Burg Wilenstein gilt als eines der schönsten Täler der Pfalz. Die Open-Air-Konzerte im Hof der im Dreißigjährigen Krieg zerstörten Höhenburg Wilenstein (Urspr. 12. Jh.) bieten Musikgenuss in einmaligem Umfeld.
Der Ortsteil **Johanniskreuz**, eigentlich nur zwei Hotels, eine Kirche, ein Pferdehof und ein Forstamt, gilt als Mittelpunkt des Pfälzerwaldes. Das hiesige Haus der Nachhaltigkeit (Johanniskreuz 1a, Tel. 06306 9 21 01 30, www.hdn-pfalz.de; So.–Fr. 10.00–17.00 Uhr) gibt Denkanstöße, wie mit der Umwelt bewusst umzugehen ist, um sie nachfolgenden Generationen zu erhalten, und informiert über das Biosphärenreservat.
Ein schöner Erholungsort inmitten des Pfälzerwaldes ist **Elmstein** (östl.) mit seinem Wahrzeichen Ruine Elmstein (Urspr. 12. Jh.). Die Elmsteiner Wappenschmiede (Möllbachstr. 7; 1. So. im Monat 11.00–17.00 Uhr) ist die einzige mit Wasserkraft betriebene, noch funktionstüchtige Schmiede im Pfälzerwald.

INFORMATION

Tourist-Information
Hauptstr. 26, 67705 Trippstadt
Tel. 06306 3 41
www.trippstadt.de

DuMont
Aktiv

Hoch in die Baumwipfel

Für Mutige gibt es die abenteuerliche Variante, für Vorsichtigere den sanften Weg: Ein Gang über den Baumwipfelpfad beim Biosphärenhaus in Fischbach bei Dahn ist auf jedem Weg ein unvergessliches Erlebnis. Allein der Ausblick vom 35 Meter hohen Turm lohnt den Aufstieg in luftige Höhen.

Wie eine moderne Burg steht das Biosphärenhaus Pfälzerwald/Nordvogesen in der Landschaft. Allerdings muss man keine Gräben und Tore überwinden, um das multimediale Angebot des Hauses zu nutzen. Gebäude und Gelände sind barrierefrei. Eine Ausstellung zeigt die unterschiedlichen Naturräume der grenzüberschreitenden Region und lässt die Besucher die Natur mit den Augen und Ohren der Tiere erleben. Im Dunkelraum wird jedem klar, dass nachts im Wald durchaus nicht alle Tiere schlafen.

Rund um das Haus führen zwei Erlebniswege zu Mitmachstationen, an denen die Besucher viel zu Themen wie Boden, Tiere, Klima und Wasser erfahren. Da die Gäste den Wald auch einfach nur genießen sollen, gibt es Orte wie die Hängematten aus Holzstäben, aus denen heraus man ganz entspannt beobachten kann. Nach der Pause geht es im Zickzackkurs über den Wipfelpfad bis zu 18 Meter hoch in die Baumkronen. Dank Stahlstützen, massiven Geländern und Holzbohlen ganz ohne Risiko. Wer es ein bisschen abenteuerlicher mag, der wählt den Weg über die drei Seilbrücken und gelangt über eine Baumrutsche wieder zur Erde.

Was, wann, wo?

Das Biosphärenhaus Pfälzerwald/Nordvogesen liegt in Fischbach bei Dahn. Hunde dürfen mitgebracht werden, aber nicht auf den Wipfelpfad. Das Haus öffnet tgl. um 9.30 und schließt je nach Jahreszeit zwischen 15.30 und 18.00 Uhr. Im Winter kann es wegen Umbauten auch kurzzeitig geschlossen sein.
Tel. 06393 9 21 00
www.biosphaerenhaus.de

Hat man auf dem Baumwipfelpfad im Biosphärenhaus Fischbach erst einmal die höchsten Höhen erklommen, belohnt die Aussicht für die Strapazen.

Stramme Radler und fleißige Winzer schätzen gleichermaßen die guten Pfälzer Wurstspezialitäten.

Service

Keine Reise ohne Planung. Auf den folgenden Seiten haben wir für Sie Wissenswertes und wichtige Informationen für Ihren Urlaub in der Pfalz zusammengefasst.

Anreise

Auto: Die Pfalz ist durch Bundesautobahnen und Bundesstraßen hervorragend erschlossen. Auch die Nebenstrecken sind in der Regel gut ausgebaut. Wichtige Autobahnen sind die A 61 von Mainz über Kaiserslautern nach Saarbrücken, die A 6 von Mannheim über Kaiserslautern nach Saarbrücken, die A 62 als Verbindungsautobahn zwischen der A 1 und der A 6, die A 8 von Pirmasens nach Zweibrücken und weiter nach Süddeutschland sowie die über Ludwigshafen südwärts führenden A 61 und A 65. Wichtigste Bundesstraße ist die B 10, die von der A 65 bei Landau nach Pirmasens führt.
Bahn: Die Pfalz kann gut mit der Deutschen Bundesbahn (www.bahn.de) erreicht werden. Wichtigster ICE-Bahnhof an der Nord-Süd-Verbindung ist Mannheim. Regionale Knotenpunkte und IC-Stationen sind Ludwigshafen, Neustadt/Weinstraße und Kaiserslautern. Neben Regionalzügen fahren auch S-Bahnen und Bus-Regio-Linien. Wer in Rheinland-Pfalz den öffentlichen Nahverkehr benutzt, fährt mit dem sogenannten „Rheinland-Pfalz-Takt". Unter dieser Dachmarke sind die Nahverkehrsleistungen mit Bus und Bahn in Rheinland-Pfalz zusammengefasst (www.der-takt.de).
Flugzeug: Man erreicht die Pfalz inzwischen mit verschiedenen Fluggesellschaften über unterschiedliche Airports. Sowohl der Flughafen Zweibrücken als auch der Flughafen Frankfurt-Hahn bieten gute Verbindungen. So fliegt etwa Germanwings zweimal am Tag von Berlin nach Zweibrücken. Auch die Flughäfen von Frankfurt/Main und Köln-Bonn können für die Anreise genutzt werden. Viele weitere Informationen sind auf den Internetseiten www.rlp-info.de und www.pfalz-touristik.de zu finden.

Auskunft

Überregional: Pfalz-Touristik e. V. Martin-Luther-Str. 69, 67433 Neustadt a. d. W. Tel. 06321 3 91 60, www.pfalz-touristik.de
Regional: Informationsadressen zu einzelnen Orten sind auf den jeweiligen Info-Seiten zu finden.

Essen & Trinken

Die Pfälzer Küche zeigt sich bodenständig und deftig – jedenfalls was die Spezialitäten angeht. Dazu zählen **Saumagen, Pfälzer Blut- und Leberwurst, Pfälzer Bratwurst** und **Leberknödel** – Pflicht auf der Speisekarte jedes gutbürgerlichen Restaurants und besonders gut auf den Schlachtfesten, die auch von Restaurants regelmäßig veranstaltet werden. Ausgesprochen schmackhaft werden sie oft auch in den Wanderhütten serviert und dazu meist für wenig Geld. Überhaupt sind die Preise in der Regel eher zivil zu nennen. Das gilt auch für eine Speise, die zumindest im Nordpfälzer Bergland und im Pfälzerwald den vorgenannten Klassikern fast schon den Rang abgelaufen hat, das **Schnitzel**. Gemeint ist das Schweineschnitzel, das fast an jeder Ecke und in zahllosen Variationen angeboten wird; gern wird es auch nur mit Brot gegessen. Natürlich gibt es in größeren Städten und Gemeinden vom „Italiener" bis zum „Chinesen" unterschiedlichste Restaurants. Und natürlich sind in der Region auch Sterne-Restaurants wie „Deidesheimer Hof" in Deidesheim, „Urgestein" in Neustadt und „Zur Krone" in Herxheim-Hayna vertreten. Getrunken wird in aller Regel **Wein** – und das nicht nur entlang der Weinstraße, sondern auch in den anderen Regionen. Traditionell wird ein Schoppen, ein halber Liter, bestellt, aber man schenkt auch 0,2 Liter aus. Dabei bieten selbst einfachere Gaststätten oftmals eine gute Auswahl offener Weine aus der Region an, die zudem zu äußerst konsumentenfreundlichen Preisen ausgeschenkt werden. **Bier** ist kaum weniger gefragt. Platzhirsch sozusagen ist die Brauerei Bischoff in Winnweiler, weit verbreitet auch das Bier der Bellheimer Park Brauerei. Nicht unbeachtet sollte man auch die vorzüglichen Obstbrände lassen, die etwa in der Gegend rund um den Donnersberg gebrannt werden, und auch viele Winzer stellen eigene Brände her.

Feste

Auswahl (siehe auch „Favoriten", S. 18/19):
März: Pfälzer Barrique-Forum in Bad Dürkheim
April: Wein am Dom. Das Pfälzer Weinforum in Speyer, WeinTestival in Rhodt unter Rietburg
Mai: Weinfest in den Winzerhöfen von Oberrotterbach, Gässelweinkerwe in Meckenheim
Pfingstdienstag: Geißbockversteigerung in Deidesheim
Juni: Altstadtfest in Freinsheim, Owwergässer Winzerkerwe in Edenkoben
Juli: Brezelfest in Speyer, Weinkerwe in Maikammer und in St. Martin
August: Residenzfest in Kirchheimbolanden
Sept.: Dürkheimer Wurstmarkt in Bad Dürkheim

Wo Urlaub zum Erlebnis wird...

Ludwigswinkel mit seinen 1100 Einwohnern ist staatlich anerkannter Luftkurort. Auf 240 Metern Höhe liegt es im südlichen Teil des Biosphärenreservates Naturpark Pfälzerwald und mit seinem Ortsteil Schöntal direkt an der Drei-Regionen-Grenze Elsaß, Lothringen und Pfalz. Ludwigswinkel lockt gleich mit drei Badeseen und die schöne Landschaft verführt zu langen Spaziergängen und Radtouren durch romantische Talauen.

Wir bieten Ihnen

> Ausgezeichnete Gastronomie
> Moderne Hotels > Privatunterkünfte
> Wanderhütten > Schullandheim
> Barfußpfad > Grillhütte > Badeseen
> Spielplatz > Skulpturenweg > Minigolfanlage
> Kinderlehrgarten > Bewegungsparcours...

Unsere Auszeichnungen:

> Familienferien in Deutschland
> Landessieger 2008-Unser Dorf hat Zukunft
> Europäischer Dorferneuerungspreis für eine herausragende Dorfentwicklung

Kultur- und Verkehrsverein
66996 Ludwigswinkel
Tel. 06393/498, Fax 5744
www.ludwigswinkel.de

LUDWIGSWINKEL
Staatlich anerkannter Luftkurort

www.dynamikum.de

entdecken
erforschen
mitmachen
erleben verstehen ...

Im Rheinberger · Fröhnstraße 8 · 66954 Pirmasens · Telefon: 06331 23943 -0 · www.dynamikum.de
Montag – Freitag: 9:00 - 18:00 Uhr · Samstag, Sonntag und Feiertag: 10:00 - 18:00 Uhr

DYNAMIKUM
Science Center Pirmasens
+ Experimentieren im Freigelände

Stadtmuseum Zweibrücken

Herzogstr. 9, 66482 Zweibrücken
Öffnungszeiten:
Di 10-18 Uhr, Mi-So/Feiertage 14-18 Uhr
www.zweibruecken.de/museum

Rosengarten ZWEIBRÜCKEN
1914 · 100 Jahre · 2014

Sehen, hören, riechen, fühlen!
50.000 Rosen und ihre Begleiter laden Sie ein,
den Zweibrücker Rosengarten mit allen Sinnen zu erleben.

Rosengartenstr. 50 · 66482 Zweibrücken · Tel. 06332/9212-302 · www.rosengarten-zweibruecken.de

Kletterer am Sandsteinfels (oben) und ein Blick auf das Ungesteiner Weinfest in den Weinbergen

Der Holiday Park in Haßloch bietet Nervenkitzel aller Art.

Freizeitparks

Auswahl (siehe auch Favoriten S. 94/95):
Kurpfalz-Park Wachenheim Auf 700 000 qm bietet der Wild- und Erlebnispark Unterhaltung für die gesamte Familie. Große Kinderwelt mit Kletterspielanlage im Piratenstil. Für Action sorgen u. a. Bumperboats, der Kurpfalz-Coaster, Schwanentretboote und die Röhrenrutschbahn. Mit Streichelzoo und Greifvogelschau (Tel. 06325 95 90 10, www.kurpfalzpark.de).
Sam-Center Soccer & more Auf dem rund 12 000 qm großen Gelände finden drinnen wie draußen zahlreiche Aktivitäten vom Indoor-Soccer über Abenteuerspielplatz und Veranstaltungen statt (Schillerstr. 72, 67373 Dudenhofen, www.sam-center.de).
Fun Forest – AbenteuerPark (s. S. 94) .
Gartenschau Kaiserslautern Auf einem rund 22 ha großen Gelände inmitten der Stadt bietet der Park verschiedene Themengärten, die größte Dinosaurier-Ausstellung Europas und ein wechselndes Kulturprogramm. Der Neumühlepark lockt mit Freizeiteinrichtungen wie Skatepark, Beachvolleyballfeld und Wasserspielplatz (Turnerstr. 2, 67659 Kaiserslautern, Tel. 0631 71 00 70, www.gartenschau-kl.de).
SeaLife (s. S. 94)

Hotels

Preiskategorien

€ € € €	Doppelzimmer	über 200 €
€ € €	Doppelzimmer	150 – 200 €
€ €	Doppelzimmer	100 – 150 €
€	Doppelzimmer	50 – 100 €

Die angegebenen Preise beziehen sich auf eine reguläre Übernachtung für 2 Personen im Doppelzimmer. Außerhalb der Saison gibt es oftmals Sparangebote.

Bad Bergzabern € / € € **Hotel-Pension Seeblick**, Kurtalstr. 71, 76887 Bad Bergzabern, Tel. 06343 70 40, www.hotelpension-seeblick. de. Familienbetrieb in idyllischer Lage am Schwanenweiher mit Hallenbad. 50 Z.
Dannenfels € / € € **Bastenhaus**, Bastenhaus 1, 67814 Dannenfels, Tel. 06357 97 59 00, www.bastenhaus.de. Das Land- und Tagungshotel bietet Ruhe und Erholung inmitten der Donnersbergnatur. Kleine Wellnessoase, Restaurant, Naturteich. 37 Z.
Deidesheim € € € **Deidesheimer Hof**, Am Marktplatz, 67146 Deidesheim, Tel. 06326 9 68 70, www.deidesheimerhof.de. Die Ursprünge des schönen Gebäudes reichen bis in die Zeit der Renaissance zurück. In den Stilmöbelzimmern lässt es sich bestens entspannen. Unter dem Kreuzgewölbe des **Restaurants Schwarzer Hahn** wird französische Küche des Chefkochs Stefan Neugebauer serviert; Mo., Di. und So. Ruhetage. Parkplätze. 28 Z., 4 Suiten.

Info

Geschichte

600–700 v. Chr.: Kelten besiedeln die Pfalz.
55 v. Chr.: Römerherrschaft bis 406 n.Chr.
1024: Der Salier Konrad II. wird Kaiser des Heiligen Römischen Reiches. 1030 Baubeginn Kaiserdom zu Speyer.
1152: Friedrich I. Barbarossa errichtet in Kaiserslautern eine Pfalz.
1214: Die bayerischen Wittelsbacher übernehmen die Pfalzgrafenwürde.
1348–1350: Pest wütet auch in der Pfalz
1355: Der pfälzische Zweig der Wittelsbacher erhält die Kurfürstenwürde der Pfalz.
1556: Einführung der Reformation
1618–1648: Große Zerstörungen im Dreißigjährigen Krieg
1688–1698: Pfälzischer Erbfolgekrieg. König Ludwig XIV. will die Pfalz Frankreich einverleiben und lässt die Region verwüsten.
1701–1714: Spanischer Erbfolgekrieg; Verwüstungen durch Truppen Ludwigs XIV.
1797: Besetzung durch französische Revolutionstruppen. Die Pfalz wird französisch.
1816: Pfalz fällt an das Königreich Bayern – eine Entscheidung des Wiener Kongresses.
1832: Am Hambacher Schloss fordern über 30 000 Menschen größere bürgerliche Freiheiten und die Einheit Deutschlands.
1865: In Ludwigshafen wird die Badische Anilin- und Sodafabrik BASF gegründet.
1918–1930: Nach der Niederlage im Ersten Weltkrieg besetzt Frankreich die Pfalz als Folge des Versailler Vertrags.
1936: Die Deutsche Weinstraße wird als erste deutsche Touristikroute eröffnet.
1946: Nach dem Zweiten Weltkrieg gehört die Pfalz zur französischen Besatzungszone. Am 30. August wird das neue Bundesland Rheinland-Pfalz gegründet.
1951: Bei Ramstein entsteht der größe US-amerikanische Militärstützpunkt in Europa.
1954: Unter Beteiligung von fünf Spielern des 1. FC Kaiserslautern wird die deutsche Nationalmannschaft Fußballweltmeister („Wunder von Bern").
1970: Kaiserslautern erhält eine Universität.
1980: Kaiserdom zu Speyer wird UNESCO Welterbe
1988: Flugzeugkatastrophe bei einer Flugshow in Ramstein
1990: Speyer feiert 2000-jähriges Jubiläum.
1992: Pfälzerwald wird UNESCO-Biosphärenreservat
2002: Fritz Walter, Fußball-Weltmeister von 1954 und Ehrenspielführer der deutschen Fußball-Nationalmannschaft, stirbt 82-jährig.
2006: Kaiserslautern ist ein Spielort der Fußball-Weltmeisterschaft.
2012: Der 1. FC Kaiserslautern steigt erneut in die 2. Bundesliga ab.
2014: Landesgartenschau in Landau
2016: Landtagswahl am 27. März

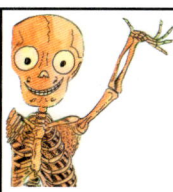

Daten & Fakten

Landesnatur: Die Pfalz ist geografisch kein homogener Raum, sondern gliedert sich in höchst unterschiedliche Teilregionen. Im Osten bildet der Rhein die Grenze, im Westen grenzt die Region an das Saarland. Im Norden stößt die Pfalz an Rheinhessen, im Süden an das Elsass. Die Vorderpfalz liegt in der Ebene zwischen dem Oberrhein und dem Haardt, einem Bergrücken, der die Vorderpfalz zum Pfälzerwald, dem größten Waldgebiet Deutschlands, abgrenzt. Den Übergang zwischen Ebene und Gebirge bildet das schmale Hügelland beiderseits der Deutschen Weinstraße, dem pfälzischen Weinanbaugebiet. Am Rhein liegen die beiden bedeutenden Städte Ludwigshafen und Speyer. Südlich schließt sich an die Vorderpfalz die Südpfalz an, zu der beispielsweise Landau und Germersheim gehören.

Klima: Klimatisch sind Vorderpfalz und Südpfalz derart mild, dass hier neben Wein auch Südfrüchte wie Feigen, Limonen und Kiwis in den Vorgärten gedeihen. Die Westpfalz ist klimatisch nicht so begünstigt. Sie umfasst die Südwestpfälzische Hochfläche, die westpfälzische Moorniederung und den Westteil des Nordpfälzer Berglandes. Zentrum der Westpfalz ist Kaiserslautern. Die Nordpfalz ist ein hügeliger Landstrich, der vom Massiv des Donnersbergs, der höchsten Erhebung der Pfalz, überragt wird und relativ dünn besiedelt ist. Hier fließt auch der nach dem Rhein zweitlängste Fluss der Pfalz, die Glan.

Verwaltung und Bevölkerung: Die Pfalz ist Teil des Bundeslandes Rheinland-Pfalz. Vorderpfälzische Landkreise sind der Landkreis Bad Dürkheim und der Rhein-Pfalz-Kreis (Verwaltungssitz Ludwigshafen), hinzu kommen die kreisfreien Städte Frankenthal, Ludwigshafen, Neustadt an der Weinstraße und Speyer. Die Landkreise Germersheim und Südliche Weinstraße (Landau) sowie die Stadt Landau gehören zur Südpfalz. Die Landkreise Kaiserslautern (Kaiserslautern), Kusel und Südwestpfalz (Pirmasens) bilden mit den kreisfreien Städten Kaiserslautern, Pirmasens und Zweibrücken die Westpfalz. Die Nordpfalz repräsentiert allein der Donnersbergkreis (Kirchheimbolanden). Insgesamt leben in der Pfalz etwa 1,4 Mio. Menschen. Größte Stadt ist Ludwigshafen mit rund 160 000 Einw. vor Kaiserslautern mit 100 000 Einw. Die Pfälzer gelten als offen und tolerant, als direkt und gesellig, aber auch als dickköpfig.

Wirtschaft: Der Weinbau – die Pfalz ist nach Rheinhessen zweitgrößtes Weinbaugebiet Deutschlands – und der Tourismus sind zwei der wichtigsten Wirtschaftsfaktoren in der Pfalz, vor allem an der Deutschen Weinstraße. Laut Pfalz-Touristik verzeichnete die Pfalz 2014 ca. 1,8 Millionen Gästeankünfte. Industrie ist vor allem in Ludwigshafen zu finden, hier ist BASF (Foto) der größte Arbeitgeber, und in Kaiserslautern, wo sich beispielsweise noch ein Opel-Werk befindet. Daneben ist Kaiserslautern inzwischen auch eine Universitätsstadt, die besonders für ihren Hightech-Bereich bekannt ist. Daher haben sich auch etliche neue, innovative Firmen aus diesem Bereich im Umfeld der Technischen Universität angesiedelt und kompensieren teilweise den Wegfall alteingesessener Arbeitgeber wie des bekannten Nähmaschinenherstellers Pfaff. Nach wie vor ist auch die amerikanische Armee etwa in Ramstein und Landstuhl ein wichtiger Wirtschaftsfaktor und Arbeitgeber.

In Pirmasens sorgt die Fachhochschule für neue Impulse, seit die Schuhindustrie hier, wie auch in Hauenstein im Pfälzerwald, entscheidend an Bedeutung verloren hat.

Edenkoben € / € € Gutshof Ziegelhütte, Luitpoldstr. 75-79, 67480 Edenkoben, Tel. 06323 9 49 80, www.gutshof-ziegelhuette.de. Aus mehreren Gebäuden bestehende Hotelanlage, komfortabel eingerichtet. Parkplätze, Restaurant. 22 Z.

Edesheim € €/€ € € Schloss Edesheim, Luitpoldstr. 9, 67483 Edesheim, Tel. 06323 9 42 40, www.schloss-edesheim.de. 39 Z., 14 Suiten. Beschreibung s. S. 70

Haßloch € € € / € € € € Sägmühle, Sägmühlweg 140, 67454 Haßloch, Tel. 06324 9 29 10, www. saegmuehle-pfalz.com. Elegant eingerichtete Zimmer in einem historischen Gebäude in waldnaher, ruhiger Lage. Das **Restaurant** serviert regionale und französische Küche. Parkplätze, Wellness, Fahrradverleih. 27 Z.

Hauenstein € / € € Felsentor, Bahnhofstr. 88, 76846 Hauenstein, Tel. 06392 40 50, www. hotel-felsentor.de. Familienhotel nahe am Biosphärenreservat. Parkplätze, Restaurant, Sauna. 25 Z., 2 Suiten.

Herxheim € € € Zur Krone, Hauptstr. 62, 76863 Herxheim-Hayna, Tel. 07276 50 80, www.hotelkrone.de. Das traditionsreiche Haus bietet behagliches Wohnen und persönliche Betreuung. Die Zimmer sind gemütlich, zeitgemäß und komfortabel eingerichtet. In ländlicher Eleganz präsentiert sich das Restaurant, längst eine renommierte Gourmetadresse; Mo. und Di. Ruhetage. Parkplätze, Fahrradverleih, Wellness. 66 Z., 9 Suiten, 4 App.

Kaiserslautern € € Art Hotel Lauterbach, Fruchthallstraße 15, 67655 Kaiserslautern, Tel. 06 31 36 24 00, art-hotel-kl.de. Zentral in der Nähe des Pfalztheater gelegenes Boutique-Hotel. Stilvoll gestaltet und mit modernem Komfort wie individuell regelbarer Klimaanlage und kostenfreiem WLan. 18 Z.

Kirchheimbolanden € € Parkhotel Schillerhain, Schillerhain 1, 67292 Kirchheimbolanden-Schillerhain, Tel. 06352 71 20, www.schillerhain.de. Parkplätze, Restaurant, Beauty. 34 Z., 2 Suiten.

Klingenmünster € Stiftsgut Keysermühle, Bahnhofstr. 1, 76889 Klingenmünster, Tel. 06349 9 93 90, www.stiftsgut-keyser muehle. de. Das „Naturhotel" mit weitläufigem Garten und ansprechend ausgestatteten Zimmern ist ein Integrationsbetrieb, d.h. es bietet Arbeitsplätze für Menschen mit Behinderung. Slowfood-Restaurant, 38 Z.

Landau € € Parkhotel, Mahlastr. 1, 76829 Landau, Tel. 06341 14 50, www.parkhotel-landau.de. An der Festhalle gelegenes Tagungs- und Geschäftshotel, moderne Ausstattung. Im **Restaurant Landauer** lassen sich regionale Spezialitäten genießen. Biergarten, Parkplätze, Sauna, Fitness. 77 Z., 1 Suite.

Leinsweiler € € Leinsweiler Hof, Südliche Weinstr., 76829 Leinsweiler, Tel. 06345 40 90, www.leinsweilerhof.de. In den Weinbergen liegt dieses gut geführte Haus mit wohnlichen Zimmern. Parkplätze, Restaurant mit Terrasse, Sauna, Pool. 64 Z.

Ludwigshafen € € € Business-Hotel René Bohn, René-Bohn-Str. 4, 67063 Ludwigshafen-Friesenheim, Tel. 0621 609 91 00, www.rene bohn.de. Ein ehem. Volontärheim wurde zum

Hotel Schloss Edesheim

★ ★ ★ ★

Südliche Weinstrasse

MEDITERRANE LEBENSART

IN HISTORISCHEM AMBIENTE

Eingebettet in einem über 5 ha großen Park mit Weinbergen ist das Schloss eine Oase der Ruhe und des Genießens. Das einzigartige historische Umfeld und die persönliche Atmosphäre des Hauses garantiert Ihnen einen unvergesslichen Aufenthalt.

Sie residieren in einer individuellen, großzügigen Suite oder einem behaglichen Zimmer mit phantastischem Blick auf die malerische Umgebung. Kulinarisch verwöhnen wir Sie mit unserer marktfrischen, mediterranen Küche in unserem eleganten Gourmet-Restaurant.

Luitpoldstraße 9 • 67483 Edesheim • Südliche Weinstraße/Pfalz • Tel. 0 63 23.94 24-0 • Fax 0 63 23.94 24-11 • www.schloss-edesheim.de • info@schloss-edesheim.de

Donnersbergkreis – in der Pfalz ganz oben!

... Urlaub einmal anders erleben!

Wandererlebnisse z. B. auf dem Pfälzer Höhenweg
Burg- und Klosterruinen • Bunte Museumslandschaft
Stadtführungen • Weingenuss im Alsenz- und Zellertal
Keltendorf und Keltengarten • Keltischer Donnersberg
Bergbauerlebniswelt Imsbach • Radwege • Römerpark

Donnersberg-Touristik-Verband
Uhlandstr. 2 • 67292 Kirchheimbolanden
Tel. 06352-1712 • touristik@donnersberg.de
www.donnersberg-touristik.de

RheinlandPfalz
GENERALDIREKTION
KULTURELLES ERBE

ENTDECKEN ERLEBEN EROBERN

BURG TRIFELS
Annweiler

HARDENBURG
Bad Dürkheim

VILLA LUDWIGSHÖHE
Edenkoben

Wandeln Sie auf den Spuren der faszinierenden Geschichte unseres Landes. Atemberaubende Ausblicke, spektakuläre Baukunst und spannende Inszenierungen erwarten Sie.
Generaldirektion Kulturelles Erbe Rheinland-Pfalz – Wir machen Geschichte lebendig!

Weitere spannende Ausflugs- und Wanderziele finden Sie unter www.burgen-rlp.de

modernen Hotel. Der neue Clubbereich gefällt wegen seines Retrolooks in Sand- und Erdtönen. Parkplätze. 80 Z.

Maikammer € € Hotel-Residenz Immenhof, Immengartenstr. 26, 67487 Maikammer, Tel. 06321 95 50, www.hotel-immenhof.de. Umgeben von einer schönen Gartenanlage, befindet sich die Hotelanlage abseits am Ortsrand. Parkplätze, Restaurant, Sauna, Fitness. 48 Z., 3 Suiten.

Pirmasens € € € Hotel Kunz, Bottenbacher Straße 74, 66954 Pirmasens, Tel. 06331 87 50, www.hotel-kunz.de. Familiengeführt in dritter Generation. Parkplätze, Restaurant, Fahrradverleih, Wellness. 54 Z., 2 Suiten.

Rockenhausen € € Schlosshotel Rockenhausen, Schlossstr. 8, 67806 Rockenhausen, Tel. 06361 929 20, www.schlosshotel-rockenhausen.de. Wasserburg mit Urspr. im 13. Jh., harmonisch mit Hotelneubau verbunden. Parkplätze, Restaurant, Lift. 25 Z., 1 Suite.

St. Martin € € / € € € Wiedemann's Weinhotel, Einlaubstr. 64–66, 67487 St. Martin, Tel. 06323 944 30, www.wiedemanns-weinhotel.de. Familiär geführtes Haus in ruhiger Hanglage. Vinothek, Parkplätze, Restaurant, Sauna, Dampfbad. 20 Z.

Speyer € € Domhof, Bahnhof 3, 67346 Speyer, Tel. 06232 1 32 90, www.domhof.de. Hotel im unter Denkmalschutz stehenden ehem. Reichskammergericht. Gästezimmer um den mediterranen Innenhof gruppiert. Parkplätze, Restaurant. 49 Z.

Restaurants

Pfälzer Weintor

Das 1936 zur Eröffnung der Deutschen Weinstraße errichtete Weintor ist Symbol einer 1956 gegründeten Winzergenossenschaft mit ambitioniertem Restaurant und Vinotheken für traditionelle Pfälzer Rebsorten.

Deutsches Weintor eG (mit Vinothek),
An der Ahlmühle 1, Ilbesheim
Tel. 06341 3 81 50

Deutsches Weintor
Restaurant und Vinothek
Weinstraße 4/5, Schweigen-Rechtenbach,
Tel. 06342 9 22 78 88
www.weintor.de
tgl. 11.00–23.00 Uhr

Eine Region wie die Pfalz hat traditionell ein großes Angebot an Restaurants. Nachfolgend eine kleine Auswahl. Weitere Adressen siehe unter „Hotels". Die Preiskategorien beziehen sich auf ein typisches Hauptgericht.

Alt- und Neuleiningen € € € € Alte Pfarrey, Untergasse 54, 67271 Neuleiningen, Tel. 06359 8 60 66, www.altepfarrey.de. Elegantes Restaurant mit Innenhofterrasse und mediterraner Saisonküche. Di. und Mi. Ruhetage.

Bad Dürkheim € € € Weinrefugium, Schlachthausstr. 1a, 67098 Bad Dürkheim, Tel. 06322 7 91 09 80, www.restaurant-weinrefugium.de. Heimeliges Restaurant in einer sanierten alten Schmiede mit internationaler

Küche, saisonalen und regionalen Produkten sowie lokalen Weinen. Terrasse, Mo. und Di. sind Ruhetage.

Dahn € € / € € € Neudahn, Goethestr. 1, 66994 Dahn, Tel. 06391 40 40, www.pfalzblick.de. Frische Küche in ansprechendem Ambiente. Parkplätze, Terrasse.

Frankenthal € € € Philips Brasserie, Karolinen-str. 6, 67227 Frankenthal/Pfalz, Tel. 06233 70 04 70, www.philips-brasserie.de. Nach 10 Jahren in Bad Dürkheim zog die Brasserie im Juni 2012 nach Frankenthal und übernahm das Restaurant und den Biergarten im Zentrum der Stadt. Wie schon in Bad Dürkheim wird Ihnen eine kreative Küche verbunden mit hervorragenden Weinen geboten. So. bis Fr, mittags und abends, samstags nur abends.

Freinsheim € € € Von-Busch-Hof, Busch-hof 5, 67251 Freinsheim, Tel. 06353 77 05, www. von-busch-hof.de. Restaurant auf ehem. Klostergrund mit regionalen und mediterranen Speisen. Mo. und Di. Ruhetage. Gartenlokal.

Hauenstein € € / € € € Zum Ochsen, Marktplatz 15, 76846 Hauenstein, Tel. 06392 9 23 30, www.landgasthof-zum-ochsen.de. Typisch pfälzische Spezialitäten sowie saisonale Wild- und Fischgerichte. Parkplätze, Gartenlokal.

Kaiserslautern € € / € € € Hotel-Restaurant Fröhlich, Dansenberger Straße 10,

67661 Kaiserslautern, Tel. 0631 35 71 60, www.hotel-froehlich.de. Gehobene, regionale Küche mit saisonalen Spezialitäten. Mo. nur abends. Parkplätze, Terrasse.

Leinsweiler € € / € € € Castell, Hauptstr. 32, 76829 Leinsweiler, Tel. 06345 9 42 10, www.hotel-castell-leinsweiler.de. Hier gibt es regionale und Hausmacher-Küche sowie Fleisch und Wurst aus eigener Metzgerei. Di. Ruhetag. Parkplätze.

Maikammer € € / € € € Waldhaus Wilhelm, Kalmithöhenstr. 6, 67487 Maikammer, Tel. 06321 5 80 44, www.waldhaus-wilhelm.de. Regionale Spezialitäten und frische Saisongerichte. Mo. Ruhetag. Terrasse.

Neustadt € € / € € € € Das neue Fontana, Hintergasse 38, 67433 Neustadt an der Weinstraße, Tel. 06321 35 49 96, www.das-neue-fontana.de. Neues, schmuckes Restaurant in der Altstadt, in dem Axel Jostock nicht nur eine anspruchsvolle Küche serviert, sondern auch zu „Klassik + Kulinarik" bittet. Terrasse, Mo., Di., Mi. Ruhetag.

Pirmasens € € / € € € € Hotel-Restaurant Kunz, Bottenbacher Str. 74, 66954 Pirmasens, Tel. 06331 87 50, www.hotel-kunz.de. Kombinationen aus Pfälzer und mediterraner Küche im eleganten Hotelrestaurant. Fr. und Sa. nur abends. Parkplätze, Terrasse.

Speyer € € € € Backmulde, Karmeliterstr. 11, 67346 Speyer, Tel. 06232 7 15 77, www.backmulde.de. Elegant im Stadtzentrum, mit feinen Kreationen. So.-Abend und Mo. geschlossen.

Zweibrücken € € € € ESSLIBRIS, Fasanerie 1, 66482 Zweibrücken, Tel. 06332 97 30, www.landschloss-fasanerie.de. Feinste Tafelkultur und klassisch-französisch inspirierte Gaumenfreuden machen den Besuch zum Vergnügen. Mo. und So. Ruhetag. Parkplätze.

Im „Deidesheimer Hof" speiste schon Alt-Kanzler Helmut Kohl mit seinen Gästen (s. S.118).

Max Beckmann

**Kunst kann nicht gelehrt werden –
aber der Weg zur Kunst kann gelehrt werden.**

Kunsthalle Mannheim
Friedrichsplatz 4
68165 Mannheim

kunsthalle-mannheim.de

MANNHEIM²

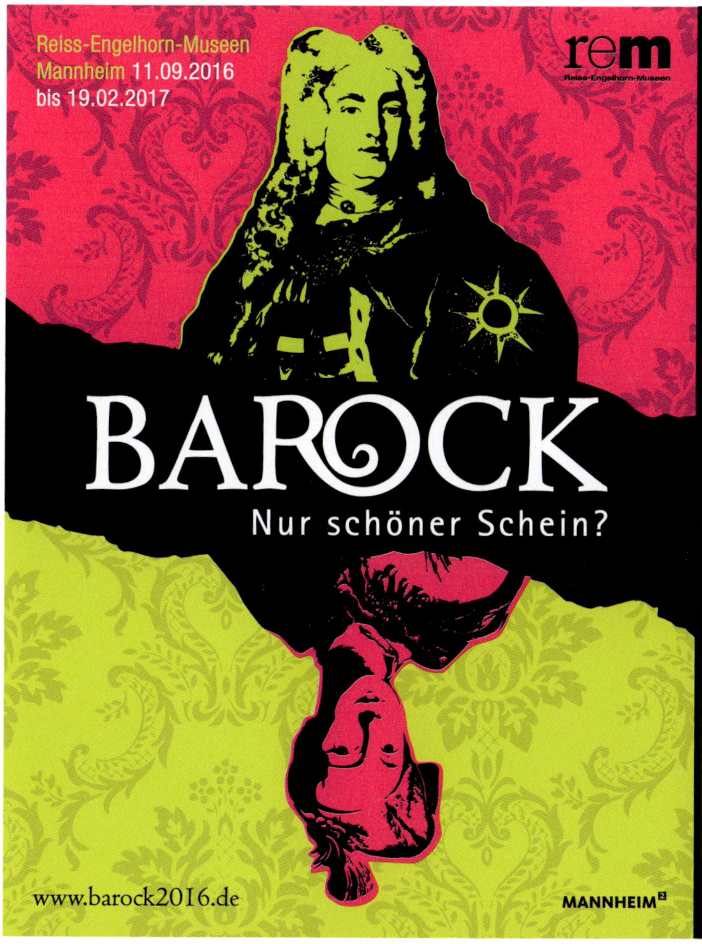

Reiss-Engelhorn-Museen
Mannheim 11.09.2016
bis 19.02.2017

rem
Reiss-Engelhorn-Museen

BAROCK
Nur schöner Schein?

www.barock2016.de

MANNHEIM²

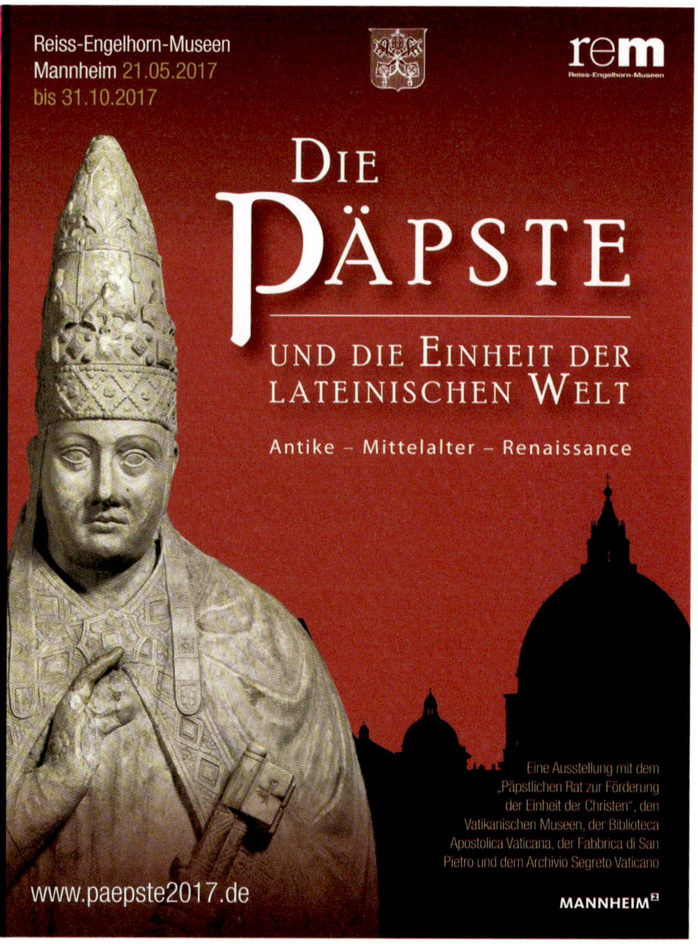

Reiss-Engelhorn-Museen
Mannheim 21.05.2017
bis 31.10.2017

rem
Reiss-Engelhorn-Museen

DIE PÄPSTE
UND DIE EINHEIT DER LATEINISCHEN WELT

Antike – Mittelalter – Renaissance

Eine Ausstellung mit dem
„Päpstlichen Rat zur Förderung
der Einheit der Christen", den
Vatikanischen Museen, der Biblioteca
Apostolica Vaticana, der Fabbrica di San
Pietro und dem Archivio Segreto Vaticano

www.paepste2017.de

MANNHEIM²

Sport

Golf: Das milde Klima macht in der Pfalz eine Runde Golf zum Vergnügen. Derzeit gibt es in der Region 30 Golfclubs und Plätze zum Spielen für die Anhänger des grünen Sports. Selbstverständlich findet man auch als Golfer eine Verbindung zum Wein – nicht zufällig tragen auf der Golfanlage Deutsche Weinstraße bei Dackenheim die Spielbahnen die Namen von Rebsorten
Golfgarten Deutsche Weinstraße
Kirchheimer Str. 40, 67273 Dackenheim
Tel. 06353 98 92 12, www.golfgarten.de

Klettern: Die steil aufragenden Sandsteinfelsen des Pfälzerwalds sind gefragte Kletterreviere, vor allem im Süden rund um Dahn und bei Annweiler. Daneben gibt es zahlreiche Kletterzentren und Hochseilgärten (s. auch Freizeitparks).

Radfahren: Auf 23 überregional bedeutsamen Radwegen mit annähernd 1500 km Streckenlänge lässt sich die Region auch hervorragend erradeln. Sportliche Ambitionierte sind im Mountainbikepark Pfälzerwald (www.mountainbikepark-pfaelzerwald.de) gut aufgehoben. Ausgeschilderte Touren mit mehr als 300 km Länge, abwechslungsreichen Höhenprofilen, einer Vielfalt verschiedener Wege mit schmalen Pfaden, steilen Anstiegen und anspruchsvollen Abfahrten machen den Pfälzerwald zu

einem idealen Mountainbike-Revier – zumal die Wanderhütten natürlich auch den Radlern offen stehen. Ein schönes Beispiel für die vielen weiteren Angebote ist der knapp 140 km lange „Kraut & Rüben Radweg", der von Bockenheim bis Schweigen-Rechtenbach die gesamte Weinstraße begleitet und für den auch Fahrradverleih, Unterkünfte und Gepäckservice organisiert werden (www.kraut-und-ruebenradweg.de).

Reiten: Auch hoch zu Ross lässt sich die Pfalz entdecken. Insgesamt 28 „Pfalz-zu-Pferd-Stationen" verteilen sich über die gesamte Region: vom Hengstbacherhof im gleichnamigen Ort am Donnersberg, der Bruchwiesen-Ranch in Bad Dürkheim, der Villa Pistora in Bad Bergzabern bis zum Heuhotel Rundwieserhof im westl. Konken (www.diepfalzzupferd.de).
Nordic Walking: Der Trendsport ist in der Pfalz eine beliebte Alternative zum Wandern, mehrere 1000 km zertifizierte Rundstrecken in zahlreichen Nordic-Walking-Parks wurden ausgeschildert. So entstand in der Pfalz die größte vernetzte Nordic-Walking-Region des Deutschen Ski-Verbands in Deutschland. 20 Parks mit zusammen über 500 km Wegstrecke wurden vom DSV zertifiziert und 59 Parks mit 1537,45 km Wegstrecke von der Nordic Walking Union).

Wandern: Der Pfälzerwald ist das bevorzugte Wanderrevier der Pfalz. Insgesamt können

12 000 km markierte Wanderwege erlaufen werden, und mehr als 120 Hütten des Pfälzerwaldvereins und der Naturfreunde laden in der herrlichen Landschaft zur Einkehr ein. Eine der vielen Wandermöglichkeiten ist der etwa 90 km lange „Felsenland-Sagenweg", der 26 sagenhafte Örtlichkeiten und zudem 49 Sehenswürdigkeiten erschließt.

Vergünstigungen

In der Pfalz bieten einige Städte und Gemeinde **Gästekarten** an, mit denen man sich Vorteile sichern kann. Die einen Tag gültige (4 €, Familien 10 €) SpeyerCard bietet Vergünstigungen, Ermäßigungen und zum Teil auch freien Eintritt.

Inhaber der **Gästekarte Bad Neuenahr-Ahrweiler** (erhältlich nur für Übernachtungsgäste. 2,50 €/Person und Nacht) erhalten kostenfreie Nutzung von Bus und Bahn im gesamten Ahrkreis sowie Ermäßigung bei diversen Einrichtungen.

Mit der **PfälzerwaldCard** erhalten Gäste Ermäßigungen in zahlreichen Freizeiteinrichtungen, Gastronomiebetrieben und Geschäften in der Pfalz sowie im benachbarten Elsass (mind. eine Übernachtung; erhältlich beim Beherbergungsbetrieb).
www.pfaelzerwaldcard.de

Register

Impressum

3. Auflage 2016
© DuMont Reiseverlag, Ostfildern

Verlag: DuMont Reiseverlag, Postfach 3151, 73751 Ostfildern, Tel. 0711/4502-0, Fax 0711/4502-135, www.dumontreise.de
Geschäftsführer: Dr. Thomas Brinkmann, Dr. Stephanie Mair-Huydts
Programmleitung: Birgit Borowski
Redaktion: Dina Stahn
Text: Manuela Blisse und Uwe Lehmann
Exklusiv-Fotografie: Thomas Haltner
Titelbild: Markus Hintzen/laif (Weingut Dreissigacker, Bechtheim)
Zusätzliches Bildmaterial: Adenis/GAFF/laif S. 52; Bildagentur Huber/R. Schmid 7 l, 12/13, 14/15; corbis/Steven Mark Needham/Envision 94r.; corbis/Thomas Hinsche/BIA 5u.r., 35; Deidesheimer Weinkerwe 18l.; dpa/Fot-B. Brossette 111; dpa/Haynas 31o.; dpa/Jürgen Wackenhut 85; dpa/Klaus-Dietmar Gabbert 109M.; dpa-Lothar Martinez-OKAPIA 109o.; dpa/Ronald Wittek 31u.; DuMont Bildarchiv/ Haltern, Thomas 97u.; Frei, Franz Marc/LOOK-foto 20/21, 34u.; Fun Forest Offenbach 94l.; Groß, Kurt E. 19r.; Hänel, Gerald/laif 98l.; Hoffmann, Markus, 1. FC Kaiserslautern/Augenklick/KUNZ 99; Hub/laif 110o., 110u.; huber-images/Gräfenhain 8/9, 34o.r., 98r.; iStock 18o., 46o., 47u.l.; Kirchgessner, Markus 50u., 68u., 70, 109u., 114, 116o.r.; Knoll, Georg/laif 83 o.l., 85; Knoll, Georg/LOOK-foto 72; Koschel, Philip /LOOK-foto 4r.u., 10/11, 16/17, 108, 114r.o., 115, 118o.l.; mauritius images, Bäck, Christian 83u., mauritius images/ Alamy 97o.r.; mauritius images/Prisma/Fiedler, Bernd J. 113; mauritius images/ United Archives 57r.; Merz, Brigitte/LOOK-foto 7r.u., 34, 35, 49r., 85; Mueller, Hardy/laif 116u.; Schädler, Rolf 18r., 19l., 50o.r.; SEA LIFE 95o.l.; Shutterstock 94o.; Ungsteiner Weinfest 118u., Weinfest auf der Pergola 19u.; Weingut Emil Bauer 46l.; Weingut Knipser 47o.l., 47u.; Weingut Philipp Kuhn 46r., 47o.r.; Wildpark Silz/Gunther Kopp 71; Wohner, Heinz/LOOK-foto 100; www.dynamikum. de/dogtreatpix.com 95o.r.; www.dynamikum.de/Stadtarchiv Pirmasens 30
Grafische Konzeption, Art Direktion: fpm factor product münchen
Cover Gestaltung: Neue Gestaltung, Berlin
Layout: CYCLUS · Visuelle Kommunikation, Stuttgart
Kartografie: © MAIRDUMONT GmbH & Co. KG, Ostfildern
Kartografie Lawall (Karten für „Unsere Favoriten")
DuMont Bildarchiv: Marco-Polo-Straße 1, 73760 Ostfildern, Tel. 0711/4502-266, Fax 0711/4502-1006, bildarchiv@mairdumont.com

Für die Richtigkeit der in diesem DuMont Bildatlas angegebenen Daten – Adressen, Öffnungszeiten, Telefonnummern usw. – kann der Verlag keine Garantie übernehmen. Nachdruck, auch auszugsweise, nur mit vorheriger Genehmigung des Verlages. Erscheinungsweise: monatlich.

Anzeigenvermarktung: MAIRDUMONT MEDIA, Tel. 0711/45020, Fax 0711/45021012, media@mairdumont.com, http://media.mairdumont.com
Vertrieb Zeitschriftenhandel: PARTNER Medienservices GmbH, Postfach 810420, 70521 Stuttgart, Tel. 0711/7252-212, Fax 0711/7252-320
Vertrieb Abonnement: Leserservice DuMont Bildatlas, Zenit Pressevertrieb GmbH, Postfach 810640, 70523 Stuttgart, Tel. 0711/7252-265, Fax 0711/7252-333, dumontreise@zenit-presse.de
Vertrieb Buchhandel und Einzelhefte: MAIRDUMONT GmbH & Co KG, Marco-Polo-Straße 1, 73760 Ostfildern, Tel. 0711/4502-0, Fax 0711/4502-340
Reproduktionen: PPP Pre Print Partner GmbH & Co. KG, Köln
Druck und buchbinderische Verarbeitung:
NEEF + STUMME premium printing GmbH & Co. KG, Wittingen, Printed in Germany

FSC
www.fsc.org
MIX
Papier aus verantwortungsvollen Quellen
FSC® C001857

Lieferbare Ausgaben

Die Kanaren sind vom Klima begünstigt – beste Voraussetzung für herrliche Strandtage.

Hamburgs Herz pocht an Elbe und Alster.

Hamburg

Deutschlands Tor zur Welt
Der Hafen ist das Aushängeschild der Hansestadt, aber Hamburg hat natürlich noch weit mehr zu bieten, wir präsentieren alle Highlights.

Urbane Visionen
Aus alten Hafenvierteln werden trendige Stadtteile. Erleben Sie das „neue" Hamburg.

Shopping hanseatisch
Hamburger Trend-Labels und Traditionshäuser, hier kaufen Sie zwar nicht günstig, aber gut!

Teneriffa
La Palma · La Gomera · El Hierro

Paradiesische Inseln
Sie wissen noch nicht wohin? Wir stellen Ihnen die Westkanaren ausführlich in Bild und Wort vor.

Exklusiv wohnen
Warum sich nicht mal etwas Besonderes gönnen, die besten Adressen auf Teneriffa und den kleinen Kanareninseln.

Wandern mit Aussicht
Unsere Favoriten – die neun erlebnisreichsten Wanderungen auf den Kanaren.

www.dumontreise.de